LA GRENOUILLE QUI NE SAVAIT PAS QU'ELLE ÉTAIT CUITE…

ET AUTRES LEÇONS DE VIE

DU MÊME AUTEUR

Médecine, religion et peur : l'influence cachée des croyances, Éditions Jouvence, 1999.

Le Tigre et l'Araignée : les deux visages de la violence, Éditions Jouvence, 2004.

www.editions-jclattes.fr

www.olivierclerc.com

Olivier Clerc

LA GRENOUILLE QUI NE SAVAIT PAS QU'ELLE ÉTAIT CUITE…

ET AUTRES LEÇONS DE VIE

JC Lattès
17, rue Jacob 75006 Paris

Collection « Vivre ça s'apprend »
dirigée par Isabelle Filliozat

Introduction

Tout est langage, tout nous parle : phénomènes naturels, expériences physiques, comportements animaux, etc. Les scientifiques, partant de l'observation des faits, en ont tiré des lois. De leur côté, les poètes, les philosophes et les sages ont observé des ressemblances et analogies entre phénomènes distincts, qu'ils ont formulées en langage symbolique sous forme de métaphores ou de paraboles, riches d'enseignements. Celles-ci mettent en évidence l'unité sous-jacente de phénomènes qui semblent sans rapports, mais qui sont en réalité régis par les mêmes principes. Comme le dit O. M. Aïvanhov :

« Le langage symbolique, qui est le langage universel, représente la quintessence de la sagesse. (...) Les symboles sont des graines que vous pouvez planter ; ainsi, vous travaillez avec une dizaine de symboles et vous possédez toutes les sciences. (...) Il est important d'approfondir le langage des symboles, car en faisant apparaître les liens, les correspondances entre les choses, il révèle la profonde unité de la vie[1]. »

« La profonde unité de la vie. » Tout est là. Les métaphores et les allégories soulignent que les mêmes forces, les mêmes processus, les mêmes lois sont à l'œuvre à tous les niveaux : en nous et autour de nous, dans le macrocosme et le microcosme, partout. La connaissance qu'elles nous procurent n'est

1. *Le langage des figures géométriques*, O. M. Aïvanhov, Éditions Prosveta.

pas analytique, mais synergique : elle rassemble, elle réunit, elle révèle des liens.

Autre avantage des métaphores, surtout quand elles sont dérivées de la nature : elles transcendent les siècles et les millénaires. Preuve en est que les paraboles utilisées par Jésus nous parlent encore aujourd'hui. Idem pour les symboles et les images que l'on trouve dans les Upanishads ou dans la tradition toltèque, par exemple. Par comparaison, avez-vous essayé de lire un ouvrage scientifique du début du XXe siècle (sans même parler des siècles précédents) ?

Le savoir vieillit, la connaissance non. Un signe subit l'usure du temps, pas un symbole. Un fruit dépérit, une graine se conserve des siècles. Parce qu'un symbole, une image, sont vivifiés par notre propre vécu, notre expérience, notre imaginaire. D'où l'étymologie du mot « connaître » : naître avec. Le langage symbolique est véritablement porteur de connaissance : notre participation est nécessaire pour qu'il prenne vie.

Les amateurs d'étymologie ne manqueront pas d'observer que le mot « symbole » est le contraire de « diable » : sumbollein en grec – littéralement « jeter ensemble » – signifie assembler, réunir, tandis que diabollein veut dire séparer, diviser. Le diable, pourrait-on ainsi dire, c'est l'esprit de division plutôt qu'un personnage à cornes, sabots, queue pointue et peau rouge. À une époque où l'esprit analytique règne en maître, favorisant l'individualisme forcené, la fragmentation sociale, la réduction du monde à des chiffres, à des statistiques et des données sans vie, nous pouvons, grâce aux symboles, réintroduire de la vie, de la poésie, de l'imaginaire, du lien et du sens dans le monde.

Les sept métaphores et allégories que j'ai choisies pour ce livre parlent toutes de conscience, de changement, d'évolution, en s'inspirant le plus souvent de phénomènes naturels ou d'expériences physiques. Immanquablement leurs messages respectifs se recoupent, se complètent, s'enrichissent : dans la vision unitaire qui est celle des symboles, rien n'est complètement séparé d'autre chose.

Chaque métaphore se prête évidemment à plusieurs interprétations, à plusieurs lectures qui ne s'excluent pas les unes les autres, tout comme le symbole du cercle et du point, par exemple, sert tantôt à représenter le soleil, tantôt l'homme, et parfois l'univers tout entier. En lisant ce livre, vous découvrirez certainement dans les allégories présentées d'autres messages que ceux que je propose : c'est tant mieux. Le but est précisément qu'elles prennent vie en vous, qu'elles deviennent vôtres, qu'elles s'imprègnent de votre vie et de votre imaginaire, et qu'elles puissent ainsi continuer de vous nourrir, de vous instruire, de vous être utiles, comme elles l'ont été et le demeurent encore pour moi.

Il ne me reste qu'à vous souhaiter « Bon voyage en Allégorie » !

Olivier Clerc

1.

La grenouille dans la marmite d'eau : sommes-nous déjà à moitié cuits ?

Imaginez une marmite remplie d'eau froide, dans laquelle nage tranquillement une grenouille. Le feu est allumé sous la marmite. L'eau chauffe doucement. Elle est bientôt tiède. La grenouille trouve cela plutôt agréable et continue de nager.

La température commence à grimper. L'eau est chaude. C'est un peu plus que n'apprécie la grenouille, mais elle ne s'affole pas pour autant, surtout que la chaleur tend à la fatiguer et à l'engourdir.

L'eau est vraiment chaude, maintenant. La grenouille commence à trouver cela désagréable, mais elle est aussi affaiblie,

alors elle supporte, elle s'efforce de s'adapter et ne fait rien.

La température de l'eau va ainsi continuer de monter progressivement, sans changement brusque, jusqu'au moment où la grenouille va tout simplement finir par cuire et mourir, sans jamais s'être extraite de la marmite.

Plongée d'un coup dans une marmite à 50°, la même grenouille donnerait immédiatement un coup de patte salutaire et se retrouverait dehors[1]**.**

Cette expérience[2] est riche d'enseignements. Elle nous montre qu'une détérioration suffisamment lente échappe à notre conscience et ne suscite la plupart du temps pas de réaction, pas d'opposition, pas de révolte de notre part. N'est-ce pas

1. Il semble que cette allégorie ait été présentée la première fois dans le livre de Marty Rubin, publié en 1987, *The boiled Frog Syndrome.*

2. … que je ne recommande évidemment pas.

précisément ce que nous observons aujourd'hui dans de nombreux domaines ?

La santé, par exemple, peut se détériorer insensiblement mais sûrement. La maladie est souvent résultat d'une alimentation dévitalisée, industrialisée, encrassante voire toxique, couplée avec le manque d'exercice, le stress et une gestion maladroite de nos émotions et de notre vie relationnelle. Certaines maladies mettent ainsi dix, vingt ou trente ans à se mettre lentement en place, le temps que notre corps et notre psyché parviennent à saturation de toxines, de tensions, de blocages, de non-dits, de refoulements. Notre accoutumance à certains désagréments mineurs, ajoutée à la perte de sensibilité et de vitalité, fait que nous ne réagissons pas à cet insensible affaiblissement de notre santé avant que n'apparaissent des pathologies plus profondes, plus graves, plus lourdes à traiter.

De nombreux couples connaissent aussi une dégradation progressive. Qui peut dire : « Notre couple a commencé à aller mal le 23 novembre à 15 h » ?… C'est petit à petit que la qualité de nos relations, faute d'être entretenue, se délite. Les non-dits, les incompréhensions, les rancœurs s'accumulent, sans être traitées, sans que nous en parlions ou que nous y cherchions de solutions ensemble. Comme un jardin que l'on n'entretient pas, où les mauvaises herbes font leur apparition, où l'anarchie s'installe progressivement, un couple qui n'entretient pas sa relation manque de voir comment celle-ci décline de façon imperceptible mais constante, jusqu'au moment où la situation devient intenable, d'où les taux élevés de divorces que connaît la société moderne (sans parler des séparations que ne recensent pas les statistiques).

Sur le plan agricole et environnemental, l'allégorie de la grenouille nous parle de l'empoisonnement progressif des sols, de l'air et de l'eau, autrement plus insidieux et dangereux que les catastrophes évidentes dont les médias se font l'écho. Gavés de produits chimiques (engrais, pesticides), les sols perdent imperceptiblement chaque année un peu plus de leur masse minérale. Plus les années passent et plus il faut d'intrants divers pour que la terre produise, au point que bientôt on introduira davantage en elle qu'elle ne produira de récoltes. De même, à côté des grandes pollutions qui défraient la chronique, comme celle du *Prestige,* nous avons plus à craindre des dégazages quotidiens et des pollutions chroniques dont font l'objet les mers et les océans, car ils sont autrement plus dangereux, tant par leur importance additionnée que par leur effet progressif, lent, peu visible, mais redoutable. Celui-ci n'a donc, pour l'instant, provoqué aucun « coup de patte » écologique salutaire pour sortir la grenouille – c'est-à-dire nous tous – de ces eaux nauséabondes.

Au plan social, on observe un déclin régulier et constant des valeurs, de la morale et de l'éthique. D'année en année, cette dégradation s'effectue assez lentement pour que peu d'entre nous s'en offusquent. Pourtant, comme la grenouille que l'on plonge brusquement dans de l'eau à 50°, il suffirait de prendre le Français moyen du début des années 80 et, par exemple, de lui faire regarder la télévision d'aujourd'hui ou lire les journaux actuels pour observer de sa part une réaction certaine de stupéfaction et d'incrédulité. Il peinerait à croire que l'on puisse un jour écrire des articles aussi médiocres dans le fond et irrespectueux dans la forme que ceux qu'on lit fréquemment aujourd'hui, ou que puisse passer à l'écran le genre d'émissions débiles qu'on nous propose quotidiennement. L'augmentation de la vulgarité et de la grossièreté, l'évanouissement des repères et de la morale, la relativisation de l'éthique se sont effectués de telle façon – au ralenti – que bien peu les ont remarqués ou dénoncés. De même, si nous pouvions être subitement plongés en l'an 2025 et y observer ce que le monde sera devenu d'ici là, s'il continue dans la même direction, sans doute en serions-nous encore plus interloqués, tant il semble que le phénomène s'accélère (accélération rendue possible par la vitesse à laquelle, bombardés d'informations nouvelles, nous en perdons tout repère stable). Notons d'ailleurs que les films futuristes s'accordent à nous présenter un futur « hypertechnologique » des plus noirs.

Je pourrais poursuivre avec d'autres exemples du même phénomène en politique ou dans l'éducation, par exemple, mais le principe est assez évident pour que chacun puisse soi-même en discerner çà et là les manifestations. Qu'il soit bien clair, cependant, qu'en mettant en lumière ce lent processus de déclin, je n'ai pas pour objectif ni de faire dans le catastrophisme, ni d'idéaliser un passé révolu où la santé, la famille et la moralité auraient été au mieux, ce passé-là étant clairement mythique. Ce constat vise bien plutôt à souligner que lorsqu'une situation est la résultante d'une évolution qui s'étale sur une longue durée, les solutions rapides et à court terme que nous mettons en œuvre pour y remédier sont généralement inadaptées, quand elles ne concourent pas – à terme – à aggraver ladite situation. Il ne s'agit donc pas de revenir en arrière, à un passé soi-disant idéal, mais de distinguer, dans nos tentatives d'améliorer le présent, ce qui n'est qu'illusion et emplâtre sur jambe de bois.

Ainsi, en matière de santé, notre refus de prendre en compte cette lente dégradation entraîne de notre part une consommation de plus en plus importante de médicaments et de soins en tous genres. Les « coûts de la santé » colossaux (qui sont en réalité les coûts de la maladie), loin d'être le signe d'une société bien portante qui progresse, sont la marque d'une politique sanitaire ignorante des causes profondes de la maladie et qui, en n'y apportant que des solutions rapides, symptomatiques et superficielles, contribue à long terme à faire perdurer nos pathologies et à les complexifier. Seule une politique de prévention et d'éducation de santé à long terme permettrait de commencer à infléchir durablement la dérive hypermédicalisée de la santé, attendu qu'il faudrait au moins une génération pour commencer à en voir les premiers résultats.

De même, au niveau social, nous n'enrayerons pas le développement de la violence et de la délinquance, étroitement lié à la perte des valeurs évoquée ci-dessus, par la seule multiplication des moyens répressifs, des policiers, des agents de sécurité, des caméras de surveillance. Tant que nous ne prendrons pas en considération les causes globales et profondes de ce phénomène, qui remontent à plusieurs décennies, les solutions ponctuelles que nous y appliquerons – qui, pour des raisons électorales, doivent évidemment être rapides et prétendument efficaces (au moins en apparence) – ne feront que nous offrir un sursis éphémère avant une récidive à plus large échelle. La société occidentale moderne ressemble ainsi à un ballon de baudruche qui se dégonfle et dont nous essayons maladroitement de préserver la forme extérieure en l'amidonnant : à défaut de pouvoir insuffler un supplément d'âme à une société qui en manque désespérément, nous nous contentons d'en rigidifier les structures à coup de lois et décrets de toutes sortes, dont la multiplication est un signe de mauvaise santé morale.

Ce que nous enseigne l'allégorie de la grenouille, c'est que chaque fois qu'une détérioration est lente, faible, presque imperceptible, il nous faut une conscience très aiguisée, ou une bonne mémoire, pour nous en rendre compte, ou encore un étalon fiable d'après lequel évaluer l'état de la situation. Or il semble que ces facteurs soient tous trois aujourd'hui chose rare.

1. Sans conscience, nous devenons moins qu'humains, mus par les seuls instincts et automatismes. La conscience est donc une condition sine qua non de notre humanité : pas de vraie pensée, pas de réflexion, pas de libre arbitre sans conscience. Inconscient, l'homme dort, au propre ou au figuré. C'est pourquoi l'« éveil » est au cœur de toutes les formes de spiritualité [1].

2. Privés de mémoire, nous pourrions passer chaque jour de la clarté à la nuit (et inversement) sans nous en apercevoir le moins du monde, car les changements d'intensité lumineuse sont trop lents et trop faibles pour être perçus par la pupille humaine [2]. C'est la mémoire qui nous fait

1. Certaines vont d'ailleurs jusqu'à enseigner comment devenir conscient dans ses rêves, tels la voie toltèque, comme l'a décrit Carlos Castaneda, ou le bouddhisme tibétain, avec notamment les Six Yogas de Naropa dont un est consacré à l'état de rêve.

2. Incidemment, j'ai découvert les prémisses de cette allégorie de la grenouille au lycée, quand j'ai été chargé de l'éclairage d'une pièce de théâtre : le metteur en scène m'avait demandé d'effectuer tous les change-

prendre conscience a posteriori de l'alternance du jour et de la nuit, comme c'est elle qui nous permet de mesurer toutes ces évolutions subtiles qui ont lieu en nous et autour de nous, à un rythme très lent. Sans mémoire, pas de comparaison, pas de discernement, donc pas d'évolution possibles.

3. Enfin, l'une des raisons pour lesquelles la grenouille finit par cuire, pourrait-on dire, c'est qu'elle n'a pas de thermomètre autre que sa peau pour apprécier l'élévation progressive de la température : elle n'a pas d'étalon fiable à l'aune duquel apprécier l'évolution de la situation. Et nous, quels sont nos étalons ? Comment évaluons-nous la « température ambiante » ? D'après quelles références déterminons-nous la qualité de

---

ments d'intensité lumineuse de façon si lente que l'œil des spectateurs soit incapable de les déceler. J'ai été stupéfait de constater qu'effectivement, en dessous d'une certaine vitesse de changement, seule la mémoire pouvait, par comparaison, nous signaler que la situation s'était modifiée.

notre vie, celle de notre santé, celle de la société ?

Avant de se peser, on vérifie que la balance est à zéro. Avant d'utiliser un instrument de mesure, on l'étalonne, sans quoi les indications de son compteur ne seront pas fiables. Mais qu'en est-il de nos propres « instruments » intérieurs ? Connaissons-nous les influences socioculturelles, familiales, religieuses et autres qui en ont déterminé l'étalonnage, souvent à notre insu ?

Ce qui permet aux choses de se dégrader sans susciter de réaction de notre part, c'est sans doute notre confiance excessive en nos propres évaluations – nécessairement subjectives – et, conjointement, notre remise en question hâtive des anciens étalons collectifs, remplacés par d'autres à géométrie variable. Les anciens étalons, ce sont ceux que les religions avaient établis, en déterminant d'une part des gouffres protégés par des interdits et d'autre part des idéaux vers lesquels tendre.

Nous pouvons faire un parallèle avec la manière dont on crée un thermomètre en notant sur un tube rempli de mercure le niveau atteint lorsqu'il est trempé dans de l'eau bouillante puis dans de l'eau glacée, et en graduant ensuite l'espace qui les sépare. Si le choix du système de gradation est arbitraire, l'eau bout et gèle cependant dans les mêmes conditions, que l'on utilise des degrés Celsius ou Fahrenheit pour le mesurer. De manière analogue, que nous ayons comme référence une religion ou une autre, les actes les plus louables et les plus criminels restent les mêmes, bien que chaque tradition ait ses propres nuances. Les nouveaux étalons moraux et spirituels, quant à eux, ne nous offrent plus guère de perspective supérieure, se contentant d'indiquer un niveau inférieur dont le jeu, aujourd'hui, consiste à repousser toujours un peu plus bas la limite. L'idéalisme est devenu ringard. « Jusqu'où peut-on descendre trop bas ? », telle semble être la devise moderne. L'immoralité d'un jour devient ainsi la morale du lendemain, dans une plongée dantesque vers les limites inférieures de l'humanitude.

En disant cela, je ne prône ni l'intégrisme ni l'affiliation aux religions établies – sans rejeter ces dernières non plus, d'ailleurs – mais bien la nécessité de nous doter d'un référentiel pourvu d'une limite inférieure non négociable, et surtout d'un idéal vers lequel nous élever. Sans la vision d'un meilleur possible, comment pouvons-nous progresser ? Sans horizon vers lequel tendre, à quoi bon nous bouger ? L'idéal est un remède à la fois au statu quo et au déclin.

Résultats :

— Abrutie par un excès de stimulations sensorielles, notre conscience s'endort.

— Gavée par trop d'informations inutiles, notre mémoire s'émousse.

— Privés d'étalon, nous n'avons plus de repères stables.

— Asphyxié sous le matérialisme et le consumérisme, notre idéal se ratatine et se meurt.

Inconsciente, amnésique et blasée, la grenouille n'a dès lors plus qu'à se laisser cuire... Et c'est ainsi qu'une part de la société s'enfonce dans l'obscurité morale et spirituelle, avec le délitement social, la dégradation environnementale, la dérive faustienne de la génétique et des biotechnologies, et l'abrutissement de masse – entre autres symptômes – par lesquels cette évolution se traduit globalement.

Le principe de la grenouille dans la marmite d'eau est un piège dont nous ne nous méfierons jamais trop si nous avons pour idéal la recherche de la qualité, de l'évolution, du perfectionnement, si nous refusons la médiocrité, le statu quo, le laisser-faire. En effet, la loi de la matière, livrée à elle-même, est l'entropie. Ce dont on ne prend soin, ce qui est laissé à l'abandon dépérit, décline, se dégrade, qu'il s'agisse du corps, d'une relation, d'un jardin, de l'organisation sociale d'un pays, etc. Tout demande de l'entretien, de l'énergie, de la vigilance, des efforts.

Efforts ? Le mot est en passe de devenir indécent. « Perdez du poids sans efforts », « Devenez riche sans effort », « Ouvrez tous vos chakras et atteignez l'illumination sans efforts » : ces slogans (ou des variantes à peine moins explicites) nous sont proposés dans nombre de médias. « Tout, tout de suite, sans efforts, … et si possible gratuitement » : tel est l'idéal qu'on prétend nous vendre, désormais. « Laissez-nous faire, on s'occupe de tout ! », nous explique-t-on. Ah bon ?… Le plus fort est que certains auteurs n'hésitent pas à pervertir nombre de principes spirituels pour justifier une forme soi-disant « illuminée » de laisser-faire, censée apporter à ses adeptes la réussite à tous les niveaux : l'abondance est à portée de main, l'univers

« conspirerait » à nous rendre riche et heureux... En grenouilles dociles, nombreux sont ceux qui se laissent ainsi convaincre de rester passivement dans leur bouillon, lequel – c'est sûr ! – va se transformer en nectar de la santé et en élixir de l'immortalité. Balivernes, évidemment, que tout cela : en l'absence d'effort, en l'absence d'un apport constant d'énergie, les choses « foutent le camp », tout simplement. Et la facilité immédiate que l'on nous propose – gratuitement, en plus ! – cache généralement une facture salée plus tard, comme l'illustre l'histoire du Dr Faust.

Le grand danger du principe de la grenouille dans la marmite d'eau, c'est qu'à mesure que la situation se détériore, les facultés permettant d'apprécier cette détérioration s'altèrent elles aussi. Comme une personne fatiguée qui s'endort au volant, parce que plus sa fatigue s'accroît, moins elle a conscience de son déclin et moins elle perçoit qu'elle s'assoupit, que ses yeux au lieu de simplement cligner commencent à rester fermés de plus en plus longtemps. Brassens chantait autrefois :

« Entre nous soit dit, bonnes gens,
Pour reconnaître,
Que l'on n'est pas intelligent,
Il faudrait l'être. »

De même, pour constater que je suis inconscient, il faudrait que je sois conscient. Pour me rendre compte que j'ai perdu ma vigilance, il faudrait que je sois vigilant. Le paradoxe de l'évolution personnelle c'est qu'à chaque étape, je prends rétrospectivement conscience du degré auquel, à la précédente, je n'étais pas libre, pas conscient, pas éclairé, par rapport au niveau que j'ai désormais atteint. Sachant cela, nous serions sages de reconnaître le caractère relatif et limité de notre conscience actuelle et des perceptions et appréciations qui en découlent, donc de ne pas leur accorder plus de crédit qu'elles n'en méritent, et de constamment chercher à nous dépasser, à atteindre une conscience plus élevée et une perception plus juste. Autrement dit, nous devrions cultiver une forme saine de doute : pas celui qui empêche d'aller de l'avant, qui sape et critique tout, mais celui qui ne se satisfait pas des apparences, celui qui nous pousse à vérifier, à aller plus loin, à remettre les choses en question, à nous remettre nous-mêmes en question, ainsi que nos certitudes.

De manière plus générale, comment ne pas succomber au piège de la grenouille dans la marmite d'eau, individuellement ou collectivement ?

En ne cessant d'élargir et d'accroître notre conscience, d'une part, en aiguisant notre mémoire pour conserver des éléments de comparaison entre le passé et le présent, ainsi qu'en ayant recours, d'autre part, à des étalons fiables pour évaluer les changements, étalons que l'on prendra soin de choisir parmi les moins sujets aux fluctuations des modes, des époques et des tendances. Enfin, en faisant d'idéaux élevés le carburant d'un constant dépassement de soi.

Ce n'est pas un hasard si l'entraînement et le développement de la conscience sont l'un des points communs de toutes les pratiques spirituelles : conscience de soi, conscience du corps, conscience du langage, conscience de ses pensées et de ses émotions, conscience d'autrui, états de conscience supérieurs. Au-delà de tout dogme, de toute doctrine, de toute idéologie, nous devrions d'ailleurs considérer l'élargissement et l'accroissement de notre conscience – bien plus que le développement des seules facultés intellectuelles – comme un comportement fondateur de notre statut d'humains et comme un moteur indispensable de notre évolution.

Côté mémoire, dans un monde surinformé il est indispensable que nous sachions hiérarchiser nos souvenirs, en marquant du sceau de la conscience ceux qui sont le plus importants, comme de pratiquer l'oubli sélectif[1] pour faire de la place à l'essentiel. Deux expressions, en français, parlent de la mémorisation : « savoir de tête », « apprendre par cœur ». Ce que l'on sait « de tête » ne résiste pas longtemps à l'oubli : c'est la leçon apprise pour l'examen, oubliée le lendemain. En revanche, ce que nous avons appris « par cœur » subsiste des années : notre souvenir n'est plus seulement aérien, mental, comme un ballon qui s'élève dans les airs, à peine on le lâche ; il est plus dense, il nous a pénétrés, comme une éponge s'imprègne d'un liquide ; son encre laisse ainsi sa trace au plus profond de nous. Si nous voulons nous souvenir de choses importantes, il faut nous passionner pour elles, les prendre à cœur, au propre et au figuré.

Enfin, pour ce qui est des étalons et des

1. Divers travaux suggèrent que rien ne s'oublie tout à fait, que tout laisse une trace. Par « oubli sélectif », j'entends donc surtout le fait de dégager sa « mémoire vive », celle que nous utilisons le plus couramment, par opposition à la « mémoire morte », au « disque dur » contenant tous nos souvenirs, enfouis plus ou moins profondément.

idéaux, les références et les sources d'inspiration ne manquent pas. Bien sûr, je peux ne plus me sentir en affinité avec la tradition dans laquelle j'ai été élevé, par exemple, ou estimer que certains préceptes ne sont plus adaptés à l'heure actuelle : mais si la forme change, évolue, l'esprit demeure. Ne jetons pas le bébé avec l'eau du bain. Nous avons la chance de vivre à une époque où la sagesse des cultures du monde entier et de tous les temps est désormais accessible au plus grand nombre et où, de plus, des représentants de diverses traditions œuvrent à en reformuler le message d'une façon adaptée à notre temps et accessible à tous [1]. Il y a là de quoi trouver plus de références et d'inspiration que nous n'en avons besoin.

Un dernier mot avant de conclure cette première allégorie. Le principe général de

1. À titre d'exemples, O. M. Aïvanhov, pour le message chrétien, Lama Yeshé, chez les Tibétains, don Miguel Ruiz, pour les Toltèques, Sobonfu Somé, pour la sagesse africaine, et tant d'autres.

cette métaphore – la non-perception d'un changement progressif, et donc l'absence de réaction adaptée – fonctionne également au positif, même s'il serait souhaitable d'y trouver une allégorie plus spécifique qui ne s'achève pas par une grenouille bouillie. En effet, les changements qui se produisent en nous et autour de nous, à petite et à grande échelle, ne sont pas tous négatifs ! Même positifs, ils peuvent passer inaperçus. Au niveau individuel, par exemple, les efforts quotidiennement accomplis pour s'améliorer (travail intérieur, méditation, prière) ne produisent pas d'effets visibles à court terme. De même, l'évolution des droits civiques ou des conditions de travail, par exemple, s'est aussi effectuée lentement, sur plusieurs décennies. Quand nous manquons de percevoir ces changements – positifs, cette fois –, nous en subissons aussi des conséquences fâcheuses, quoique différentes de celles du même phénomène au négatif. Si nous ne voyons pas les résultats de notre travail intérieur, nous pouvons nous décourager et renoncer, alors qu'avec un peu plus de persévérance, nous verrions soudain nos efforts récompensés. De même, si nous ne percevons pas les avantages dont nous jouissons et les droits dont nous bénéficions, nous pouvons cultiver l'ingratitude, le mécontentement et nous montrer incapables d'apprécier les fruits d'une évolution certes lente, mais probante.

Cela signifie donc que l'élément le plus important de cette allégorie de la grenouille, c'est l'inconscience du changement, que celui-ci soit négatif ou positif, puisque dans un cas comme dans l'autre, cette inconscience nous est nuisible. Le remède premier est ainsi le même dans les deux cas : la conscience, la conscience et encore la conscience. C'est d'elle que dépend tout le reste : à quoi nous sert la mémoire, à quoi bon un étalon et un idéal, si nous sommes inconscients ?

À ce propos, voici une petite anecdote, relatée dans mon premier livre, désormais épuisé[1] : à l'âge de vingt ans, je cherchais à devenir conscient dans mes rêves afin de reproduire les expériences que j'avais lues dans divers ouvrages de spiritualité. Devant le peu de résultats que donnaient les méthodes trouvées dans des livres, j'ai décidé d'en développer une autre. En toute logique, j'ai estimé que pour devenir conscient en rêve, il me fallait être plus conscient dans la réalité éveillée. J'ai donc tracé au feutre la lettre « C » sur ma main gauche afin de me rappeler aussi souvent que possible d'être conscient, au fil de la journée. Chaque fois que je la voyais (c'est-à-dire très souvent), je marquais une « pause de conscience » de quelques secondes : j'arrêtais ce que j'étais en train de faire, je prenais conscience de qui j'étais, où je me trouvais, des choix qui s'offraient à moi, de mon libre arbitre, etc. Moins d'une semaine après le début de cette

1. *Vivre ses rêves : techniques pour programmer ses rêves et induire des rêves lucides*, O. Clerc, Hélios, 1983.

pratique, je me mis à faire des « pauses de conscience » au beau milieu de mes rêves, ce qui me permit d'avoir de fréquents rêves conscients que je pouvais diriger à volonté. Mais en fin de compte, ces rêves lucides n'étaient qu'un des bénéfices secondaires que m'apporta le fait d'avoir accru ma conscience quotidienne, dans toutes les situations de ma vie. En rêve, lorsqu'on devient conscient, toutes les perceptions sont soudainement accrues : la luminosité est plus forte, les couleurs sont plus vives, le son (notamment de sa propre voix) plus puissant. À l'état de veille, tout surcroît de conscience intensifie de la même manière la qualité de ce que nous vivons.

De l'Allégorie de la Caverne de Platon à la récente trilogie Matrix, en passant par une abondante littérature spirituelle, la nécessité d'être conscient, de nous « éveiller », de ne pas nous fier aux perceptions oniriques, a toujours été soulignée avec insistance. Alors que certains s'efforcent de transformer l'Homo sapiens en Homo zappiens[1], en l'abrutissant de TV (version moderne de la caverne de Platon, les images en couleurs succédant aux ombres projetées sur les parois), nous gagnerions à promouvoir l'Homo consciens, l'homme éveillé et conscient, sorti du bouillon de la culture ambiante, plutôt que l'homme… grenouille !

1. À ce propos, lire le petit ouvrage de René Blind et Michael Pool *Éduquer l'Homo zappiens*, Éditions Jouvence.

2.

Le bambou chinois : la préparation dans l'obscurité

On raconte qu'il existe en Chine une variété de bambou tout à fait particulière. Si l'on en sème une graine dans un terrain propice, il faut s'armer de patience… En effet, la première année, il ne se passe rien : aucune tige ne daigne sortir du sol, pas la moindre pousse. La deuxième année, non plus. La troisième ? Pas davantage. La quatrième, alors ?… Que nenni ! Ce n'est que la cinquième année que le bambou pointe enfin le bout de sa tige hors de terre. Mais il va alors pousser de douze mètres en une seule année : quel « rattrapage » spectaculaire ! La raison en est simple : pendant cinq ans, alors que rien ne se produit en

surface, le bambou développe secrètement de prodigieuses racines dans le sol grâce auxquelles, le moment venu, il est en mesure de faire une entrée triomphante dans le monde visible, au grand jour.

L'allégorie de la grenouille fait référence à un changement qui se produit de façon très lente, imperceptible. Celle du bambou chinois nous parle d'un changement soudain, rapide, spectaculaire. Toutes deux sont cependant étroitement liées.

Le bambou chinois nous enseigne plusieurs choses des plus importantes. D'abord, il nous montre que ce n'est pas parce que nous ne voyons rien qu'il ne se passe rien. Ensuite, il indique que certains changements brusques ou parfois instantanés peuvent être le résultat d'une lente évolution qui, elle, ne nous est pas perceptible.

C'est le cas, par exemple, avec le phénomène du précipité, en chimie : on tient deux éprouvettes contenant chacune un liquide différent, transparent ; on verse le contenu de l'une dans l'autre, goutte après goutte, lentement. Aucune différence, jusqu'au moment où l'on ajoute une goutte de plus de la première éprouvette dans la seconde – une seule goutte – et hop ! il se produit un précipité, la solution devient bleue et cristallise subitement. Celui qui n'aurait rien vu de toutes les gouttes précédentes et ne nous verrait verser que la dernière pourrait en conclure hâtivement que c'est elle seule qui a déclenché cette réaction.

On retrouve un phénomène similaire en électricité avec les condensateurs. Ces appareils (qui servent, par exemple, aux clignotants ou aux essuie-glaces de nos voitures) accumulent le courant électrique jusqu'à ce qu'une certaine charge soit atteinte, seuil auquel tout le courant se libère d'un seul coup, actionnant une lampe ou un moteur.

Enfin, dernier exemple de physique, les atomes d'un électron qui gravitent autour du noyau sur différentes orbites, correspondant chacune à un certain niveau d'énergie. Aucun électron ne peut graviter entre ces orbites. Ce qui signifie que pour changer d'orbite, un électron doit accumuler toute la quantité d'énergie qui sépare son orbite de la suivante. S'il possède 90 % de l'énergie de l'orbite suivante, il reste sur son orbite présente : nous ne voyons l'énergie qu'il a accumulée que lorsqu'il change d'un seul coup d'orbite, au moment où il a complètement atteint le seuil d'énergie nécessaire pour franchir ce pas. Cette quantité d'énergie s'appelle un quantum : on parle donc de saut quantique lorsqu'un électron change d'orbite. Par extension, ce terme sert désormais à qualifier tout changement radical qui ne se produit qu'à condition qu'un certain seuil d'énergie préalable ait été atteint. De même, le bambou chinois ne réalise sa croissance exceptionnelle de douze mètres qu'après avoir développé un réseau de racines tel qu'il puisse lui fournir la sève nécessaire à cet exploit.

Nous pouvons observer le phénomène du bambou chinois dans de nombreux domaines humains différents. L'ignorer nous conduit souvent à mal interpréter certaines situations, soit en nous alarmant inutilement d'un apparent manque de changements positifs, soit au contraire en fondant notre calme et notre assurance sur l'absence trompeuse de changements négatifs, lesquels ne tarderont pourtant pas à se révéler.

En matière d'éducation, par exemple, certains enfants progressent de façon constante et régulière, tandis que d'autres semblent stagner, ne pas évoluer, accumuler du retard. Pourtant, parmi ces derniers se trouvent souvent des « enfants bambous » qui, parvenus à un certain stade de leur imperceptible maturation intérieure, vont soudain faire des pas de géant dans leur évolution, rattrapant et parfois dépassant ceux d'après lesquels on les jugeait en retard. À titre d'exemple, on raconte qu'Einstein n'a parlé qu'à trois ans et qu'à sept, il était considéré comme « attardé »… Une meilleure connaissance de la psychologie de chacun – il existe assez de tests en tous genres pour cela [1] – nous permettrait de distinguer ces enfants-là de ceux qui présentent un réel retard. Les parents et les éducateurs éviteraient ainsi de s'inquiéter inutilement, et ces élèves au développement quantique cesseraient de faire l'objet de pressions qui n'accélèrent pas plus leur évolution naturelle que ne le font des menaces adressées à une graine qui tarde à pousser.

Nous retrouvons aussi le bambou chinois dans le domaine du développement personnel, de la psychothérapie et même de la spiritualité. Contrairement aux connaissances intellectuelles que nous acquérons de façon assez linéaire, par accumulation et mémorisation de données diverses, les

1. Ce qui manque surtout, c'est le temps et la disponibilité pour repérer ces cas, sachant qu'à l'école publique les classes sont le plus souvent trop nombreuses pour que l'enseignant puisse avoir une relation personnelle avec chacun.

changements qui affectent notre psyché – le cœur, les sentiments, les émotions, les empreintes du passé – et ceux qui touchent notre dimension subtile – l'âme et l'esprit – s'effectuent le plus souvent à la manière du bambou. Ainsi, par exemple, nous contenter de comprendre intellectuellement les problèmes psychologiques liés à notre enfance suffit rarement à produire en nous un changement, une libération. C'est quand la charge émotionnelle de notre passé (on retrouve la notion de charge évoquée plus haut) parvient à s'exprimer que, subitement, nous accédons à un nouveau niveau de conscience. Certains psychothérapeutes favorisent même ce processus en demandant à leurs patients d'adopter un régime riche en fruits et légumes crus, afin d'accroître le nombre d'électrolytes du corps, ce qui les aide à effectuer une telle libération émotionnelle [1]. De même la plupart

---

1. Lire à ce propos *Sentiments profonds, guérison profonde*, d'Andy Bernay-Roman, Éd. Vivez Soleil, 2004.

des méthodes de méditation, des disciplines ou ascèses auxquelles se livrent leurs adeptes, ne produisent pas de résultats immédiats (quand elles ne commencent pas – pire ! – par donner l'impression d'aggraver l'état des pratiquants [1]). Ce n'est qu'au bout de mois ou – plus souvent – d'années de pratique qu'une transformation se manifeste, parfois en très peu de temps. Les adeptes d'une discipline spirituelle qui ignorent cette lente transformation non visible, prélude à l'accession à un nouvel état de conscience ou à l'éveil de nouvelles facultés, peuvent se décourager et estimer que leurs efforts sont inutiles et improductifs, alors même qu'ils ne sont peut-être plus qu'à quelques pas de voir leur travail couronné de succès. Au-delà du seul principe du bambou chinois, ce que nous devons savoir, c'est que rien ne se perd, que tout effort produit tôt ou tard un résultat, même si,

1. Cette aggravation n'est souvent qu'apparente et résulte du surcroît de conscience acquis par ces pratiques.

la plupart du temps, il n'est pas possible de savoir à l'avance à quel moment.

Côté négatif, maintenant, le principe du bambou chinois peut nous réserver de mauvaises surprises, d'une façon qui présente à la fois des ressemblances et des différences avec l'allégorie de la grenouille. Dans cette dernière, en effet, le changement est lent, mais il demeure perceptible pour celui qui a la conscience aiguisée ou une bonne mémoire. Alors que dans le cas du bambou chinois, le changement n'est pas perceptible, il est caché, souterrain ; il ne peut être perçu qu'en utilisant des moyens spécifiques, en creusant sous terre, en parvenant à percevoir ce qui se passe au niveau subtil, avant que cela ne se concrétise.

En matière de santé, certains comportements (fumer, par exemple) ou certaines carences – le fer – provoquent une lente dégradation qu'il nous est toutefois possible d'observer en étant vigilants. À ce titre, ils correspondent à l'histoire de la grenouille. D'autres changements, en revanche, à classer sous la catégorie « bambou », sont imperceptibles par nos sens ordinaires. Ils ne se révèlent à nous brutalement que lorsqu'il est tard, voire trop tard. C'est le cas de la fragilisation osseuse ou de la dégradation du système circulatoire issue d'une alimentation déséquilibrée, lent prélude à des fractures diverses ou à des accidents vasculaires qui révèlent tardivement et brutalement une détérioration passée inaperçue.

De même, en agriculture, l'usage d'engrais et pesticides chimiques produit une imperceptible mais dangereuse déminéralisation des sols que rien ne permet de deviner à l'œil nu[1] et qui – passé un seuil fatidique – entraîne un processus de désertification irréversible, décrit notamment par Philippe Desbrosses dans *Le krach alimentaire*

1. À moins de réaliser une analyse des sols ou des fruits et légumes qu'ils produisent.

(Éditions du Rocher). Des régions entières, comme la Beauce, par exemple, pourraient un jour brusquement se transformer en désert, comme c'est déjà arrivé pour d'autres motifs dans ces régions si vertes et fertiles qu'étaient autrefois l'Iraq et l'Iran.

Autrement dit, les grands dangers ne sont souvent pas les plus visibles. Des nappes de pétrole dans la mer, cela se voit. Mais quand le fragile équilibre de la composition de l'eau de mer, indispensable à la survie des végétaux et poissons qui en dépendent, commence à se rompre, quand certains composants commencent à faire défaut ou au contraire à être surnuméraires, nous ne le voyons pas. C'est parfois la disparition soudaine d'une espèce végétale ou animale qui nous signale une dégradation passée inaperçue, du fait que certains nutriments fondamentaux, essentiels à leur survie, ne sont plus disponibles pour eux.

L'allégorie du bambou nous enseigne donc aussi à ne pas nous fier à des apparences dangereusement trompeuses. Des gaz à effet de serre, dont certains mettent trente ans à atteindre le niveau de l'atmosphère où ils vont produire leurs dégâts, à l'exposition quotidienne à des lignes à haute tension qui, au bout de plusieurs années, finissent par provoquer des cancers, il y a, dans tout ce qui relève de cette allégorie, un « effet retard » susceptible d'avoir des conséquences funestes.

Nous retrouvons aussi dans la parabole du bambou chinois la notion de « masse critique » dont on entend souvent parler aujourd'hui. Lorsqu'il s'agit de faire passer une nouvelle idée, on constate qu'il peut s'écouler une période relativement longue durant laquelle tous les efforts réalisés dans ce sens semblent n'avoir aucun effet ou bien peu. Puis, un cap est franchi un jour – nul ne sait quand – et soudain l'idée en question se répand comme une traînée de poudre, tout le monde en parle. Bientôt, nous n'imaginons même plus qu'ait existé un temps où cette notion n'était pas connue. Prenons la pédophilie. Il ne s'agit pas d'un phénomène nouveau en soi, ni de quelque chose qui aurait soudainement pris des proportions plus importantes : ce qui s'est passé, en réalité, c'est que les efforts inlassables de certaines associations pour sensibiliser l'opinion et les pouvoirs publics à cette problématique ont soudain atteint la « masse critique », c'est-à-dire un nombre suffisant de gens informés, pour que tout d'un coup, comme la tige de bambou, cette question sorte au grand jour et que nous en prenions tous conscience.

Dans un autre registre, Élisabeth Kübler-Ross, pionnière de l'accompagnement des personnes en fin de vie, racontait comment elle s'était lancée toute seule dans la sensibilisation des milieux médicaux à cette question. Elle s'est battue et a œuvré infatigablement pour que soit prise en compte cette nécessité d'accompagner les dernières étapes de la vie, ne rencontrant qu'opposition et dénigrement, jusqu'au moment où elle a décidé de renoncer, à bout de force, désespérée. C'est alors, dit-elle, qu'est arrivé l'un des événements les plus incroyables de son existence. Le jour où elle s'apprêtait à annoncer sa démission à son supérieur, une des personnes qu'elle avait accompagnées jusqu'à leur décès apparut dans son bureau (!) pour lui dire de ne pas abandonner, car son travail allait bientôt aboutir. Sans cette intervention de l'au-delà, Élisabeth Kübler-Ross n'aurait pas su qu'elle n'était plus qu'à un doigt de voir aboutir ses efforts. Elle n'aurait pas vu que son labeur, loin d'être vain, avait tissé un puissant réseau de racines souterraines dont allait très prochainement jaillir une tige prometteuse, en pleine lumière. Effectivement, quelques mois à peine après cet incident troublant, son travail commenca à susciter un intérêt qui n'a cessé de croître depuis, au point qu'aujourd'hui l'accompagnement des mourants semble une évidence.

Dans une époque qui a le culte de l'immédiateté à outrance – « Tout, tout de suite, sans efforts », disais-je plus haut – l'allégorie du bambou chinois nous enseigne la persévérance, le travail à long terme, le refus de la résignation. « Il faut quelques semaines pour faire une salade, mais cent ans pour faire un chêne » aimait à répéter O. M. Aïvanhov. Par comparaison avec le chêne, le bambou chinois présente la difficulté additionnelle de nous cacher son évolution souterraine en cours, ne nous permettant pas de mesurer les progrès accomplis. Il nous faut alors persévérer en l'absence de preuves tangibles de l'utilité de ce que nous faisons. Autrement dit, le bambou chinois nous apprend à travailler avec le temps, Chronos, le vieillard Saturne : semer aujourd'hui pour récolter plus tard, … dans un jour, une semaine, un an ou davantage. Alors que les enfants vivent dans l'instant présent – attendre cinq minutes leur semble une éternité, ils veulent des résultats rapides, immédiats – nous apprenons avec l'âge, et la sagesse censée l'accompagner, à œuvrer dans le long terme et faire du temps notre allié et non plus notre ennemi. Notons d'ailleurs qu'au-delà des opinions et des modes, au-delà des appréciations fluctuantes de chaque époque, le temps reste le juge le plus sûr et le plus impitoyable des œuvres humaines : ne résiste à son usure que la qualité – le beau, le bon, le vrai, le juste. Le reste y succombe.

À l'inverse, quand nous voulons aller trop vite, sans prendre le temps de développer des racines profondes avant de vouloir nous élancer vers le ciel, nous courons le risque de produire quelque chose de faible et fragile qui manquera d'une sève suffisante pour nourrir ses branches et produire des fruits. C'est vrai pour les végétaux, comme pour les hommes et les œuvres qu'ils produisent.

À l'heure où, en France, par exemple, on parle beaucoup d'insécurité, où l'on multiplie les moyens de répression, où l'on déplore les diverses formes de violence et de délinquance, il conviendrait de nous interroger, très en amont de tous ces problèmes, sur les conditions d'enracinement de notre progéniture dans le sol de l'existence, au cours des premiers mois de la vie. Avec dix semaines seulement de congé maternité, il est bien difficile pour un bébé dont la maman travaille de développer en si peu de temps un réseau de racines profondes et sécurisantes dans le sol maternel. Cela demande minimum un an, idéalement deux ou trois. Au lieu de cela, à peine la petite pousse d'homme a-t-elle commencé à construire un peu son lien avec sa mère que la voilà déracinée, condamnée à la culture hors sol, passant de nounous en garderies et baby-sitters multiples. C'est là, notamment, qu'il nous faut chercher les racines profondes de l'insécurité et des comportements asociaux qui en découlent plus tard, comme peuvent en témoigner les psychothérapeutes confrontés quotidiennement aux jeunes adultes qui ont été élevés dans ces conditions. Mais, comme pour le bambou chinois, le temps investi dans les soins et l'éducation des tout-petits ne porte pas de fruits immédiats : c'est dix, quinze ou vingt ans plus tard que nous voyons les différences entre ceux qui ont bénéficié d'un bon enracinement et les autres. En raison de ce décalage, certains doutent d'une corrélation entre la qualité des premières années de la vie et ce qu'il advient plus tard. Il existe cependant assez de données, aujourd'hui, pour nous convaincre de la pertinence de ce facteur d'enracinement[1] dans le développement des « bambous humains » !

Si, en revanche, nous connaissons ce principe du bambou chinois et que nous travaillons délibérément avec lui, celui-ci présente également un grand intérêt. Avant

1. Lire notamment *Le concept du continuum*, de Jean Liedloff, best-seller dans de nombreuses langues qui sort enfin en français en 2005 aux Éditions Ambre.

de naître, un bébé passe neuf mois dans l'obscurité du ventre de sa mère. Avant de germer, toute graine passe un temps plus ou moins long sous terre, dans le noir. Et dans la Genèse, chaque journée débute par la nuit : « Il y eut un soir et il y eut un matin : n^e^ jour » lit-on pour chacun des jours de la Création. De manière analogue, la plupart de nos entreprises et de nos projets ont besoin d'une phase plus ou moins longue de maturation dans l'obscurité, avant que nous ne puissions les présenter au grand jour. Si nous le faisons trop tôt, ils meurent dans l'œuf. Autant la lumière nourrit et vivifie ce qui vit au grand jour, autant elle peut détruire et tuer des formes de vie embryonnaires qui ont encore besoin de grandir et de se fortifier dans le secret de la terre, d'une matrice ou de notre imagination. Comme un film argentique que l'on retire d'un appareil de photo et qu'il faut tremper dans plusieurs bains avant de l'exposer sans risques à la lumière, sous peine de tirer des clichés blancs comme des linceuls, nos projets doivent aussi être « bien trempés », imprégnés et nourris de nos sentiments, fortifiés et densifiés, avant d'être communiqués à des tiers et mis en lumière. Mal utilisée, la parole peut dilapider la sève d'une idée ou d'un projet, et les priver de racines.

Tirant sa force de ses puissantes racines, la pousse spectaculaire du bambou chinois le met rapidement à l'abri des prédateurs. En revanche, les végétaux qui pointent trop tôt leurs vaillantes mais frêles petites pousses peuvent vite devenir les amuse-gueule d'un herbivore ou la proie d'insectes et parasites. Nous découvrons donc dans l'allégorie du bambou la valeur de la préparation silencieuse et du secret : pas le secret honteux que nous devons à tout prix cacher, ni celui, malsain, de quelque entreprise criminelle, mais le secret de la création, le secret de l'« œuvre au noir » des alchimistes, sans laquelle il ne saurait y avoir d'or, le secret du vide primordial dont tout le créé est issu.

Ce n'est pas un hasard si les organes reproducteurs de la femme sont cachés et ceux de l'homme bien visibles : le secret est d'essence féminine, c'est la matrice des mondes, la terre nourricière, c'est l'obscurité féconde d'où jaillit la lumière, c'est le Verbe qui précède la parole. Tout comme la femme sait garder son petit dans son ventre pendant de longs mois, avant de le présenter à la face du monde, l'artiste, le créateur doivent aussi savoir porter leur projet dans leur cœur et leur esprit, le nourrir longuement de leur amour, de leur inspiration et de leur espoir, avant de l'exposer au regard d'autrui. Les idées et les projets sont des graines que nourrit la sève de notre cœur afin qu'ils prennent vie par nos mains et s'enracinent dans le réel. Déposées à même le sol, au lieu d'être sagement enfouies sous terre, les graines s'envolent, chassées par le vent, et nul ne sait dans quelle terre étrangère elles finiront peut-être par prendre vie.

Riche allégorie que celle de ce bambou chinois ! Savoir travailler lentement dans le secret pour que les choses grandissent ensuite vite et fort au grand jour. Derrière le calme des apparences, apprendre à discerner quelque évolution souterraine et silencieuse, qu'elle soit positive ou négative. Faire du temps notre allié conscient plutôt que notre ennemi inconscient. Avec le bambou, nous mettons un pied dans l'invisible, le subtil. Nous nous évadons un peu de la prison du manifesté pour explorer la source du possible. Des effets apparents, nous remontons aux causes cachées.

Comme le bambou, comme les végétaux, l'homme est un passeur : de l'observation des faits concrets, il tire des conclusions et des lois ; il extrait le subtil de l'épais, comme l'arbre élabore son fruit sucré à partir de la sève brute de ses racines ; et partant d'idées, d'inspirations, l'homme concrétise ses projets, donne vie à ses rêves et corps à ses réalisations, … comme le fruit se détache de l'arbre pour que ses graines donnent naissance à de nouveaux arbres. En nous appropriant le langage symbolique de la nature, nous constatons encore et encore que les mêmes principes sont à l'œuvre partout.

3.

La cire et l'eau chaude[1] *:* *la force de la première impression*

1. Cette métaphore est tirée des ouvrages d'Edward de Bono : *Lateral thinking, Serious creativity, Five-day course in thinking* ou encore *Why so stupid ?*

Imaginez un récipient contenant une épaisse couche de cire froide, durcie, dont la surface est tout à fait plate et lisse. Vous prenez une cruche remplie d'eau chaude et vous en répandez un peu sur la cire. L'eau peut librement glisser où elle veut sur cette surface vierge, sans reliefs. Mais, étant chaude, à peine entre-t-elle en contact avec la cire que l'eau en fait fondre le dessus, y imprimant une empreinte peu profonde, comme celle d'un skieur dans de la neige poudreuse. Désormais, la cire présente un léger creux, l'eau chaude ayant tracé un chemin pareil au lit d'une rivière. Si, maintenant, vous répandez à nouveau un peu

d'eau chaude dans le même récipient, que va-t-il se produire ? Où qu'elle tombe en premier, l'eau, moins libre que la première fois, va immanquablement rejoindre la trace antérieure qui va dès lors guider son écoulement et s'approfondir un peu. Plus vous versez d'eau, plus la même trace se creuse encore davantage, ne laissant plus guère de liberté à l'eau d'emprunter un autre chemin que celui déjà tracé.

Que nous dit cette métaphore ? Qu'une première empreinte, une première impression (dans tous les sens du terme), laisse une trace, et que celle-ci influence fortement les empreintes suivantes. N'est-ce pas ainsi que se forment les ruisseaux, les rivières, les fleuves et aussi les canyons ?… Les reliefs de la terre n'ont pas toujours été ceux que nous lui connaissons aujourd'hui. L'eau des premières pluies qui se sont abattues sur certaines régions, il y a des millions d'années, s'est écoulée au gré des reliefs qui existaient déjà – montagnes, vallées, roches diverses – et son passage ou son accumulation dans certains endroits a dessiné les premières esquisses des futurs cours et étendues d'eau dont le temps s'est chargé de préciser les contours en profondeur.

Pouvons-nous changer de telles empreintes, une fois qu'elles existent ? Oui, puisque nous sommes bien parvenus – sans que ce soit d'ailleurs toujours bien inspiré – à modifier le cours de ruisseaux, de rivières et même de vastes fleuves. Mais plus la trace est profonde, plus le débit qui la parcourt est puissant, et plus les moyens qu'il nous faut employer pour en changer le tracé sont considérables. Premier constat. De plus, détourner un cours d'eau de son lit est une chose ; effacer la trace de son ancien parcours en est une autre. Même si l'eau emprunte désormais un nouveau trajet, que nous lui avons imposé de force, le tracé de l'ancien peut subsister très longtemps, même asséché, avec le risque qu'à la faveur d'un imprévu, des flots tumultueux viennent à nouveau se déverser dans sa tranchée propice.

On observe le principe de cette métaphore de la cire et de l'eau chaude sous de multiples formes. Voyez, par exemple, combien la première impression que nous fait quelqu'un inscrit en nous un cliché qui influence toutes les rencontres ultérieures et qu'il est bien difficile d'effacer si cette impression est erronée. Les Anglo-Saxons disent que l'on a une seule chance de faire une bonne première impression : un truisme, sans doute, mais qui souligne à bon escient l'impact, trop souvent sous-estimé, de toute première. Car une mauvaise impression ne s'efface jamais complètement, quoi qu'on en dise : même si nous développons une excellente relation par la suite, malgré ce mauvais départ, des années plus tard un incident ou une maladresse peuvent soudain raviver cette première empreinte et même nous conduire à remettre en question tout le positif vécu entre-temps. Mon propos, évidemment, n'est pas de cultiver le fatalisme, mais la conscience – c'est une constante de ce livre ; en effet, la connaissance de ce principe peut nous inciter à être plus vigilants et à mettre davantage de conscience à chaque début, chaque première, chaque défloration d'une situation nouvelle.

Ainsi, par exemple, un musicien averti sait que le premier déchiffrage d'une partition est crucial et doit donc être entrepris lentement, en veillant à ne commettre aucune faute au cours de cette lecture initiale. Si le premier passage est juste, les autres tendront naturellement à l'être aussi. Inversement, une note mal jouée ou un doigté mal choisi auront ensuite tendance à se glisser automatiquement sous ses doigts, dès que sa conscience se relâchera. Les mains du musicien sont en effet la cire dans laquelle le flot de la mélodie vient graver sa trace, de sorte que par la suite, la mémoire kinesthésique (celle du corps) incitera ses doigts à cheminer sur les mêmes notes que la première fois.

Quand le déchiffrage a été mal fait, ce sont des dizaines, sinon des centaines de répétitions qui sont nécessaires pour modifier l'empreinte originale, ce qui monopolise la conscience du musicien qui devrait être tout à l'interprétation et non rivée au doigté.

De manière plus générale, on devine l'importance de cette image de la cire et de l'eau chaude dans tout ce qui touche à l'éducation et à l'apprentissage, qu'il s'agisse du sport, du bricolage, des arts martiaux, de la danse, de la conduite automobile, de la façon dont un enfant apprend à lire, à écrire, à lacer ses chaussures ou à exécuter les mille et un gestes de la vie quotidienne [1], ou encore de l'utilisation de logiciels. L'énergie que nous dépensons à corriger quelque chose qui a été mal appris au départ est maintes fois

1. Les écoles Montessori, par exemple, passent beaucoup de temps à apprendre aux tout-petits à manipuler des objets fragiles – verres, carafes, tasses en verre ou en porcelaine – et à exécuter divers gestes quotidiens avec précision, de sorte qu'ils sont bien moins maladroits que les enfants auxquels on ne prend pas le temps d'apprendre cela.

supérieure à celle que nous demanderait le surcroît d'attention et de conscience nécessaire à effectuer cette chose de manière juste [1] la toute première fois. À vouloir aller trop vite au début, nous ralentissons considérablement l'obtention du résultat désiré. « Roulez lentement, je suis pressé », disait Churchill avec sagesse à son chauffeur.

Avec la métaphore de la cire et de l'eau chaude, nous découvrons l'importance de tout début. Quand on dit, par exemple, que quelqu'un s'est levé « du pied gauche », on entend par là que la façon (mauvaise) dont il a démarré sa journée a ensuite déteint sur toute la suite. On trouve d'ailleurs dans plusieurs religions des injonctions concernant la façon de démarrer la journée : par une prière, une pensée positive, une bénédiction,

1. « Juste » et non pas parfaite : le perfectionnement vient avec la répétition et l'entraînement. On peut lire une partition juste dès la première fois : mais il faudra la jouer des centaines de fois avant d'atteindre une interprétation réussie.

une empreinte constructive, quelle qu'elle soit. Nous ne pouvons pas être conscients de tout à chaque instant : immanquablement des tâches nous absorbent, au travail ou à la maison, pour des durées plus ou moins importantes. C'est pourquoi lorsque nous démarrons consciemment et positivement une activité, nous traçons le sillon et nous donnons le cap qui sera ensuite suivi quand nous passerons en « pilotage automatique ».

Les « débuts » sont nombreux dans une vie ou simplement une journée. Cela va des « Bonjour ! » que nous échangeons le matin avec nos proches ou nos collègues, en passant par un mariage, la création d'une entreprise, l'emménagement dans un nouveau logement, la première réunion d'une nouvelle association, les premiers documents (logos, textes) qui incarnent l'image de notre entreprise, les publicités que nous diffusons, etc. Nous avons tout intérêt à identifier ces débuts et à leur accorder un surcroît d'attention : c'est une sage politique qui nous évite bien des complications ultérieures. Ce n'est évidemment pas une panacée, ni la garantie qu'aucun problème ne nous arrivera jamais. Mais nous mettons ainsi le plus de chances de notre côté dès le départ.

Dans la mesure où elle parle de commencement, de début, de première empreinte, cette histoire de cire et d'eau chaude traite aussi implicitement de l'autre extrême : la fin. S'il y a un début, c'est que quelque chose s'est terminé avant. Logique. Or la fin et le début sont liés. Quelle est la première pensée qui nous vient le matin ?… Neuf fois sur dix, c'est celle avec laquelle nous nous sommes couchés. Ce n'est pas pour rien que l'on recommande de réviser ses leçons juste avant de s'endormir : l'inconscient se charge de graver profondément dans notre mémoire les dernières pensées qui nous habitent, laquelle empreinte – logiquement – oriente le cours des premières pensées qui jaillissent en nous le matin.

De l'injonction du Christ à se réconcilier avec son frère avant que le soleil ne se couche aux recommandations de nombreuses religions de mourir en paix en ayant pardonné, en passant par le happy end d'une majorité de films, les formules de politesse qui terminent les courriers même les plus déplaisants, ou encore le conseil souvent donné de terminer une méditation avant que la fatigue ou des douleurs n'apparaissent, les exemples foisonnent pour illustrer l'importance de bien terminer toutes choses, même quand elles ont parfois mal commencé. Car la fin, elle aussi, laisse une trace, une empreinte. Je me souviens par exemple de deux films – *Le prix du danger*, avec Gérard Lanvin, et *Brazil* de Terry Gilliam – dont les fins respectives, particulièrement sinistres, m'ont hanté pendant des jours. D'un film noir qui a une fin heureuse, nous retiendrons surtout cette dernière touche qui estompe rapidement les épisodes sombres qui l'ont précédée. Inversement, un film agréable qui s'achève de façon tragique nous laissera cette conclusion en travers de la gorge, … et pour longtemps. Imaginez un magnifique concert qui se terminerait par une fausse note de l'orchestre : que nous en resterait-il ?…

Une bonne fin prépare donc un bon début. Un bon début favorise un bon parcours… et rend plus probable une bonne fin. Et ainsi de suite. Les deux instants au cours desquels nous avons le plus d'influence sur les événements sont donc le commencement et la fin. Ce sont les moments où nos choix conscients ont les plus grandes chances de modifier le cours des choses. Incidemment, les éditeurs et les auteurs le savent bien : les premiers qui prennent grand soin de la couverture et du titre (première page) d'un ouvrage, ainsi que de la quatrième de couverture (dernière page) ; les seconds qui prêtent une attention particulière à l'introduction de leur ouvrage ainsi qu'à sa conclusion ! À ce propos, on raconte qu'un jeune prêtre était allé demander à un confrère plus âgé comment écrire un bon sermon. « Un bon sermon doit avoir un bon commencement et une bonne fin », lui dit son aîné. « Ensuite... il s'agit de rapprocher le plus possible le début de la fin ! »

Enfin, à titre plus anecdotique, signalons que cette question du début et de la fin s'applique aussi... à l'habillement ! La coiffure (ou le chapeau) et les chaussures sont en effet les éléments les plus importants dans notre évaluation, même inconsciente, de l'élégance d'une personne. Quelqu'un à l'habit ordinaire, mais aux chaussures et à la coiffure irréprochables, nous paraît mieux vêtu qu'une personne aux vêtements somptueux, mais mal chaussée ou mal coiffée. Amusez-vous à vérifier cela autour de vous !

Nous pouvons aussi conclure de l'allégorie de la cire et de l'eau chaude que nombre de nos actes ne sont pas la conséquence d'un choix conscient et éclairé, fondé sur une connaissance approfondie du sujet, mais simplement le résultat de nos habitudes, de l'inertie, qui nous font emprunter machinalement les sillons les plus évidents, les plus usés, même quand ils sont complètement obsolètes, inefficaces ou contre-productifs.

Par exemple : j'écris ces lignes sur le clavier français « AZERTY » de mon ordinateur. Tout comme le « QWERTZ » des claviers suisses et la plupart des claviers anglais, allemands, italiens, il a été conçu à l'époque des premières machines à écrire mécaniques. En ce temps-là, la disposition des lettres sur ce clavier devait notamment prévenir deux inconvénients : d'abord que plusieurs touches se coincent l'une contre l'autre au moment de la frappe. En effet, si l'on tapait trop vite, il arrivait qu'une tige remonte avant que l'autre ne soit redescendue et qu'elles se prennent ainsi l'une dans l'autre ; ensuite qu'une touche perce le papier si elle était frappée par un doigt trop fort. Nous n'avons pas la même force dans le petit doigt que dans l'index, par exemple, comme en témoignaient d'ailleurs les différences d'impression – tantôt plus claire, tantôt plus foncée – entre les lettres des courriers dactylographiés sur ces vieilles machines.

Pour résoudre cette double équation, les lettres ont été réparties sur le clavier de façon à ralentir au maximum la frappe et à limiter l'usage des doigts les plus agiles et les plus forts ! C'est ainsi que le a, lettre fréquente en français, se retrouve non seulement sous le petit doigt (moins habile) mais aussi une ligne au-dessus de celle où reposent les mains. Le q, bien moins usité, est lui directement sous le même doigt. Inversement, l'index et le majeur, plus habiles, se voient attribuer les lettres k, y, h, g, v ou encore b, bien moins fréquentes en français.

Or aujourd'hui, à l'heure de l'électronique et des touches hypersensibles, nous continuons d'écrire sur des claviers conçus pour ralentir la frappe et faire travailler les doigts les moins agiles !… Et ce, bien que tous les ordinateurs nous permettent désormais de choisir le clavier désiré d'un simple clic de souris. Pourtant, un Français du nom de Marsan a étudié l'occurrence de chacune des lettres de l'alphabet dans la langue française et a conçu un clavier répartissant celles-ci pour atteindre la frappe la plus rapide : il a ainsi obtenu jusqu'à 30 % (!) de gain d'efficacité chez des dactylos professionnelles[1]. Mais l'inertie et l'habitude, c'est-à-dire la trace inscrite depuis plus d'un siècle dans la cire de nos claviers, associées à notre difficulté à remettre en question ce qui semble acquis, font que l'on continue de produire massivement des ordinateurs ultramodernes… équipés de claviers préhistoriques.

Dans le même ordre d'idées, on entend encore parfois dire qu'il est contraire aux bonnes manières de couper sa salade avec un couteau. Or la raison d'être de cette « bonne

1. Il a aussi conçu son clavier de façon ergonomique, les lettres étant disposées en « V » sur le clavier, pour éviter aux mains un positionnement anti-naturel, source de nombreux problèmes de poignets.

manière » est simplement le fait que les couteaux d'autrefois n'étant pas en acier inoxydable, le vinaigre de la salade les abîmait. Faute de nous interroger sur les raisons d'être de comportements hérités du passé, le principe de la trace gravée dans la cire nous pousse ainsi à perpétuer une multitude de comportements et d'habitudes qui n'ont plus aucune raison d'être.

« Pourquoi ne mangez-vous pas de viande ? dcmanda-t-on un jour à un de mes amis.

— Et vous, pourquoi en mangez-vous ? » questionna-t-il en retour, taquin. Perplexité ! Celui qui posait la question n'avait, lui, jamais réfléchi à son alimentation : il reproduisait par habitude celle qu'il avait toujours connue chez ses parents et dans sa famille. Était-ce vraiment la meilleure alimentation pour lui ? La plus savoureuse ?… Connaissait-il les avantages et inconvénients, les qualités et défauts des divers choix alimentaires que l'on peut effectuer aujourd'hui ? Non. Il suivait la trace imprimée dans la cire familiale.

Combien de choses faisons-nous de la sorte, sans jamais y avoir vraiment réfléchi ? Dans nos comportements professionnels, dans nos réactions émotionnelles, dans nos opinions, nos croyances, quelle est la part qui vient de l'éducation et que nous reproduisons machinalement, sans l'avoir jamais consciemment questionnée ?…

La cire représente aussi bien l'inconscient que le corps, la matière. L'eau chaude, elle, symbolise la conscience, l'énergie, l'esprit. Initialement, c'est toujours l'esprit qui commence par modeler la matière, c'est la conscience qui imprime une orientation aux pensées, aux gestes, c'est le programmeur qui écrit son logiciel. Puis, l'habitude prend le relais : la trace est faite, il n'y a plus qu'à la suivre. C'est tant mieux pour tous les bons plis, les bonnes habitudes, les comportements que nous souhaitons reproduire. Mais qu'en est-il de tous ceux que nous n'avons pas choisis, de ceux qui étaient là avant nous – dans la famille, la société –, de ceux que nous n'avons pas vus s'instaurer progressivement dans notre quotidien, quand notre vigilance a baissé, et qui désormais nous gouvernent à notre insu ?… Un jour, sans qu'on y prenne garde, c'est alors le corps qui dicte à l'esprit ce qu'il peut faire ou non, c'est le programme qui limite l'utilisateur, ce sont les comportements machinaux qui prennent le relais des choix conscients.

Prenons le monde de l'entreprise. Pierre crée une société, par exemple. C'est lui, l'eau chaude. C'est lui qui décide ce qu'il veut faire, quels statuts, quelle forme juridique il souhaite donner à son entreprise. Au début, c'est lui qui modèle la cire comme il le souhaite, pour rendre sa société conforme à ses rêves, à ses plans. Mais que voit-on souvent, au bout de quelques années ? La cire a durci : la société est bien établie, elle a grandi, elle s'est fortifiée, elle est désormais bien implantée (adjectif éloquent). Et voilà que c'est elle, désormais, qui dicte de plus en plus à Pierre ce qu'il peut faire ou non. La création fait place à la production, à l'administration, à la gestion qui prennent une place prépondérante. L'entreprise a sa vie propre, son métabolisme, ses besoins. Il devient difficile pour Pierre, si l'envie l'en prend, de la faire changer, évoluer, de lui donner une nouvelle direction : elle y oppose une résistance farouche, elle n'est plus aussi malléable qu'au début.

Il faut en effet beaucoup de talent pour garder une entreprise vivante, mobile, en évitant les deux extrêmes que sont d'un côté le changement permanent, où ni les employés ni les clients ne s'y retrouvent, et de l'autre la stagnation et la cristallisation qui, à un certain point, rendent tout changement difficile, douloureux voire impossible. Laissée au sec, la terre glaise sèche, sa forme se cristallise ; trop pétrie et humidifiée, elle ne prend jamais forme et ne sert donc à rien. La vie est un équilibre à ajuster constamment entre corps et esprit, matière et énergie, automatismes inconscients et choix conscients. Nous avons besoin des deux : de la cire et de l'eau chaude.

La métaphore de ce chapitre nous invite donc à discerner, dans notre vie, ce qui est « cire » et ce qui est « eau chaude », ce qui est le résultat de choix conscients que nous continuons d'approuver, ce qui a été inconsciemment hérité du passé (familial, social, religieux), et enfin ce que nous avons mis volontairement en place, mais qui n'a aujourd'hui plus de pertinence. Pour ce faire, nous devons régulièrement porter un regard neuf sur ce que nous avons sous les yeux tous les jours. Ne rien prendre pour acquis. Continuer de nous émerveiller, de nous interroger. Rester curieux. Remettre l'évidence en question. « Malheur à l'homme qui, au moins une fois dans sa vie, n'a pas tout remis en question », est ma citation favorite de

Pascal. TOUT remettre en question : pas seulement une ou deux choses, comme l'avis de nos parents (à l'adolescence), celui de notre patron ou du parti opposé. Tout : nos idées, nos croyances, nos savoirs, nos habitudes. Ne laisser aucun bloc de cire, aucun moule continuer de nous influencer sans nous être interrogés sur son origine, sa valeur, son utilité, sa pertinence.

Attention : il ne s'agit pas de changer pour changer, ni de tout bouleverser sans raison. Nombre de nos habitudes ont leur raison d'être ; nombre de nos comportements sont pertinents et adaptés. Dans ce cas, leur remise en question nous permet d'en prendre conscience, de les faire vraiment nôtres, d'en faire des choix délibérés et conscients, et non plus des réflexes, des habitudes sans vie. Il s'agit de nous approprier nous-mêmes, afin de pouvoir un jour nous dire que nous ne sommes pas le seul résultat de conditionnements, subis plus ou moins consciemment, mais bien le fruit de choix délibérés, faits en pleine possession de nos moyens. C'est là un processus qui prend du temps – des semaines, des mois, parfois même des années – mais qui est enrichissant et libérateur. « On ne peut pas être libre et ignorant » observait avec justesse le président américain Thomas Jefferson. La liberté n'est pas un acquis, elle ne se donne pas, elle se conquiert. Nous ne sommes pas libres si nous ignorons les forces et les conditionnements qui se sont exercés sur nous et qui continuent d'influencer ce que nous prenons pour de « libres » choix. La liberté, symboliquement parlant, ce n'est pas seulement de se balader à son gré dans des traces existantes, c'est aussi de pouvoir creuser son propre sillon.

On notera d'ailleurs que la plupart des grandes inventions sont dues à des individus qui ont su s'étonner devant ce que tous les autres trouvaient normal ou qu'ils ne voyaient pas (ou plus). En revenant d'une marche dans les champs, n'avez-vous jamais retiré de vos chaussettes ces petites boulettes vertes ou brunes qui s'y accrochent, sans plus y penser ? Celui qui a pris le temps d'y penser, de s'interroger sur la raison pour laquelle ces boulettes s'agrippaient si fermement, est devenu l'inventeur du Velcro et il a fait fortune.

Le danger de la cire, c'est le piège des habitudes, du « pilotage automatique ». Pour nous en prémunir, choisissons de consciemment modifier certaines de nos habitudes, de temps à autre. Empruntons une autre route. Achetons un magazine que nous n'avons jamais lu. Essayons la cuisine d'un autre pays ou une alimentation différente. Plongeons-nous dans les croyances d'un autre peuple, d'une autre religion. Inversons les rôles une semaine avec notre conjoint. Mangeons de la main gauche (ou de la droite, si nous sommes gauchers). Jeûnons une journée. Passons un mois dans la chasteté. Restons un jour en silence. Faisons une partie de basket pour handicapés dans une chaise roulante. Sortons de nos ornières, des chemins bien tracés dans la cire. Répandons de l'eau chaude sur de nouveaux territoires. Creusons de nouveaux sillons.

Et si vous êtes de ceux, plus rares, qui sont plutôt victimes du piège inverse, celui de l'eau chaude, c'est-à-dire le piège de certains créateurs, artistes ou inventeurs – le piège de tous ceux qui préfèrent créer sans cesse plutôt qu'approfondir, qui ne parviennent pas à laisser une empreinte durable sur les choses, toujours enclins à explorer d'autres espaces, d'autres possibles, d'autres cires vierges –, imposez-vous une forme fixe : cela peut vous faire découvrir de nouvelles dimensions de la liberté et de la création. La pratique d'une discipline régulière – arts martiaux, massage assis (Amma), exercices de yoga ou de méditation, musique d'ensemble, théâtre ou chorégraphie –, par les contraintes qu'elle nous impose, peut libérer notre conscience, comme c'est le cas chez le musicien qui rejoue inlassablement les mêmes morceaux, mais qui apporte à la forme fixe de la partition un souffle chaque fois nouveau. Nous nous ennuyons seulement quand nous ne savons pas insuffler une pensée consciente et dynamique dans une action maintes fois reproduite à l'identique, mais que nous laissons au contraire cette action endormir notre esprit par la monotonie.

Ainsi, à nous occuper tantôt du fond, tantôt de la forme, ici de l'esprit et là de la matière, à alterner entre création et reproduction, conscience et automatismes, tout devient pour nous occasion d'apprentissage et d'intégration, de croissance et d'accomplissement. Et si vous avez laissé une belle empreinte dans la société, peut-être finirez-vous au musée Grévin, ... en statue de cire !

4.

Le papillon et le cocon : l'aide qui affaiblit et l'épreuve qui renforce

Lorsque la chenille, devenue chrysalide, a pratiquement achevé sa transformation en lépidoptère, il lui reste une épreuve à passer pour devenir véritablement un papillon. Elle doit réussir à déchirer le cocon au sein duquel s'est opérée sa transformation, afin de s'en libérer et de prendre son envol.

Si la chenille a tissé son cocon petit à petit, de façon progressive, le futur papillon ne peut en revanche pas s'en libérer de la même façon, en y allant progressivement. Il doit cette fois réunir assez de force dans ses ailes pour réussir à déchirer son carcan de soie d'un seul coup.

C'est précisément grâce à cette ultime épreuve et à la puissance qu'elle demande au papillon d'accumuler dans ses jeunes ailes que celui-ci développe la musculature dont il aura ensuite besoin pour voler.

Celui qui ignore cette donnée importante et qui, s'imaginant « aider » un papillon à naître, déchire son cocon à sa place, verra naître un lépidoptère totalement incapable de voler. Ce dernier n'aura pas pu utiliser la résistance de sa soyeuse prison pour construire la force dont il aurait eu besoin pour s'arracher à cette gangue et s'élancer ensuite dans le ciel. Une aide mal inspirée peut ainsi se révéler nuisible, voire mortelle.

Voilà une riche métaphore et qui s'applique à de nombreuses situations différentes. Que pouvons-nous y découvrir ? Par exemple, que dans la vie certaines épreuves sont indispensables à la croissance. Celles-ci permettent de développer en soi la force nécessaire pour passer au stade suivant. Inversement, quand nous tentons de résoudre une épreuve à la place d'autrui, de l'extérieur, en supprimant l'obstacle, au lieu de régler véritablement le problème, nous ne faisons en réalité que l'entretenir. Cette solution n'en est donc pas une. Elle s'avère d'ailleurs inefficace et aboutit généralement au résultat inverse de celui escompté : au lieu d'aider et de libérer autrui, notre comportement mal avisé peut l'empêcher de se développer, l'atrophier, voire le tuer.

À lire ainsi, l'idée de cette allégorie peut nous sembler évidente. Regardez cependant autour de vous et vous verrez combien, à tous les niveaux, on s'acharne à « déchirer des cocons » à la place des autres, avec pour conséquence la pérennisation des problèmes que l'on prétend régler de la sorte. Prenons quelques exemples.

Dans son remarquable ouvrage *Pourquoi sont-ils si pauvres*[1] *?*, qui comporte plus de quatre-vingts tableaux synoptiques, l'ex-conseiller national suisse Rudolf Strahm met en évidence comment dix ans d'aide aux pays du tiers-monde, à coup de milliards de dollars, ont globalement abouti à rendre ces pays plus pauvres, plus dépendants et plus endettés qu'avant. Bien sûr, on peut avancer de nombreuses explications à cet état de fait : la corruption d'une partie des gouvernements de ces pays, le coût exorbitant de la dette, la mauvaise gestion de cette aide, les motivations parfois ambiguës de ceux-là mêmes qui financent ces aides. Mais au-delà de ces divers facteurs, c'est surtout la nature (généralement matérielle, financière) de l'aide qui a été fournie, et la façon dont elle a été mise en place (en créant des relations de dépendance) qui sont à remettre en question, comme le

1. La Baconnière, 1992.

font d'ailleurs plusieurs organisations humanitaires.

À la lumière de l'allégorie du papillon, on devine que certains changements, certaines aides ne peuvent venir que de l'intérieur. Dès lors, quand nous apportons de l'extérieur à quelqu'un ce qui lui fait défaut (ou qui n'a simplement pas encore germé en lui), plutôt que de l'aider à l'obtenir par ses propres moyens, nous le rendons dépendant et nous accroissons sa faiblesse. Bien sûr, il y a des situations d'urgence qui réclament une aide extérieure matérielle, alimentaire, financière immédiate. C'est indiscutable. Mais à l'exception de ces cas, une aide vraiment désintéressée – c'est-à-dire qui ne vise pas à écouler des excédents ou à garder telle économie étrangère sous contrôle – doit viser à favoriser chez autrui la capacité à s'aider soi-même.

Un exemple *a contrario* illustre clairement ce point. Aussi longtemps que le gouvernement américain a mené une guerre frontale contre les Indiens d'Amérique, bon nombre de ces tribus – même démunies, même décimées – sont restées fortes, n'attendant rien de personne et ne comptant que sur leurs propres ressources. En revanche, à partir du moment où ce même gouvernement s'est mis à les « aider », en cessant le combat, en leur octroyant des terres, en leur donnant un minimum de moyens, ces peuples ont commencé à faiblir, à dépérir (même s'il y a toujours des exceptions çà et là). Je simplifie à dessein pour mieux illustrer le principe de base de cette allégorie : en apportant quelque chose de l'extérieur, on prive autrui de l'effort d'aller le chercher en lui, effort qui le renforcerait et le conduirait à se dépasser en permanence. Cela ne signifie pas pour autant que nous devons renoncer à vouloir assister ou secourir les autres – conclusion un peu facile –, mais que notre aide doit soutenir l'effort permettant à autrui d'accéder à ses propres ressources internes et non pas rendre cet effort superflu, en lui substituant la facilité et la dépendance extérieure.

On trouve dans la médecine une autre illustration du même principe. Plusieurs maladies infantiles, du simple rhume à la rougeole ou la coqueluche, par exemple, sont pour l'organisme de l'enfant des épreuves qui vont permettre à son système immunitaire de se développer et de se renforcer, comme le savent de nombreux médecins formés à la médecine hippocratique, à l'hygiénisme, à l'homéopathie ou à la naturothérapie. Quand nous luttons contre ces maladies, comme le prescrit maladroitement une certaine médecine, nous privons l'enfant de possibilités d'accroître son immunité, nous le rendons faible et dépendant d'aides extérieures (médicaments, antibiotiques, etc.). Certains médecins avisés considèrent d'ailleurs qu'une des causes importantes de la multiplication des allergies de toute sorte, à laquelle on assiste depuis au moins vingt ans, est précisément cette surmédicalisation des enfants qui les empêche de se construire leur immunité et les rend ainsi vulnérables à tout et n'importe quoi.

Si nous voulons véritablement « aider » un enfant qui fait l'une de ces pathologies infantiles, il nous faut, au contraire, accompagner la maladie, veiller à ce qu'elle ne prenne pas des proportions excessives, et laisser le temps au système immunitaire de l'enfant d'en venir à bout et d'en sortir grandi. Laisser le temps : voilà la clé ! À vouloir stopper une maladie tout de suite, pour que notre enfant ne manque pas l'école ni nous le travail, nous utilisons des moyens certes efficaces à court terme, mais qui créent le lit de complications ultérieures, puisque l'organisme de l'enfant reste faible et fragile.

Le même principe s'applique à la fièvre que l'on considère trop souvent comme une ennemie, alors qu'elle est le moyen qu'utilise l'organisme pour se débarrasser des agents pathogènes qui l'agressent. Comme le dit

André Lwoff, de l'Institut Pasteur, co-prix Nobel : « La fièvre est le meilleur remède. Au-delà d'une température de 39,5°, la majorité des virus sont inhibés ou détruits. » Et André Passebecq, l'un des pères de la naturothérapie en France, ajoute que chez un enfant dont l'hypothalamus n'a pas été altéré par des toxiques (médicaments, vaccins), plus les défenses immunitaires sont élevées, plus la température peut l'être aussi sans risque, de sorte que la lutte contre les adversaires est intense et rapide. Passebecq souligne que « la fièvre non traitée conduit rapidement au rétablissement de la santé, sans risque de rechute ni complications ».

À vouloir « libérer » l'enfant de la fièvre, comme le papillon de son cocon, nous le rendons en réalité encore plus dépendant d'assistance médicale à la moindre pathologie. *A contrario*, les fameux « bains de siège » – tremper deux ou trois minutes dans de l'eau froide les fesses d'un enfant bien emmitouflé – qui peuvent sembler être une agression de l'organisme, contribuent en réalité à rendre son système immunitaire plus vigoureux et plus résistant. Le paradoxe veut donc que certaines « aides » se révèlent en réalité nocives tandis que de prétendues « agressions » s'avèrent salutaires, même si nous devons nous garder de toute généralisation et bien comprendre les mécanismes à l'œuvre dans l'un et l'autre cas.

Deux autres domaines où nous « déchirons des cocons » en croyant bien faire sont l'éducation (en famille) et l'instruction (à l'école). Comme c'est souvent le cas, en l'espace de moins de cinquante ans, on a assisté dans ce domaine à un complet retour de balancier. Autrefois, l'enfant n'avait son mot à dire ni dans la famille, ni à l'école. On ne se souciait pas, alors, d'être à son écoute. Les parents et les enseignants se posaient moins de questions, et c'était à l'enfant de suivre, de s'adapter, de se développer… ou d'en subir les conséquences.

Tout excès attirant son contraire, les travaux de la psychologie et de la psychanalyse ont ensuite conduit la génération suivante à voir le bébé comme une personne, à prendre en compte les besoins de l'enfant, à lui accorder plus d'attention – comme sujet et non plus comme objet éducatif ou pédagogique – et conjointement à mettre un bémol à toute forme de contrainte, d'autorité, d'exigence. Non écouté autrefois, l'enfant est désormais surécouté, d'où cette génération d'« enfants rois » qui tyrannisent leurs parents et leurs professeurs. Privé de cocon familial et scolaire, l'enfant cherche dans la société et auprès de l'État des parents et un cadre de remplacement. C'est alors contre eux qu'il dirige maladroitement sa révolte d'adolescent/chrysalide qui n'en finit pas de se prolonger, faute de pouvoir se dérouler dans des conditions normales et à une échelle qui lui corresponde.

Jamais l'enfant n'a bénéficié d'autant de moyens, d'attention et de possibilités de toutes sortes, jamais il n'a été autant « aidé ». Pourtant, conformément à l'allégorie du papillon, le résultat de tous ces apports extérieurs n'est pas celui escompté. Sans vouloir peindre le diable sur la muraille – chaque époque, depuis aussi loin que l'Histoire nous renseigne, trouve tous les défauts à sa jeunesse –, force est de constater que l'analphabétisme reste élevé, que la qualité de l'orthographe et de l'écriture a considérablement chuté, que les « 80 % au Bac » sont le résultat d'une baisse trompeuse des exigences, que la délinquance augmente chez les jeunes, que la force morale faiblit (les mots « vertu », « dignité », « honneur » disparaissent du vocabulaire), en un mot que la pression intérieure qui fait grandir et s'élever, endormie par trop de facilité extérieure, ne cesse de diminuer. Incidemment, n'en voyons-nous pas le reflet dans cette mode, propre aux jeunes d'aujourd'hui, de porter des habits de taille beaucoup trop grande ?… Ces vêtements que leur corps n'arrive pas à remplir sont le miroir de ces fonctions, de ces rôles qui les attendent mais qu'ils n'ont pas assez d'intensité intérieure pour remplir et assumer, comme un ballon qui reste mou faute de pression suffisante pour le gonfler.

En disant cela, je répète que je ne me fais pas l'avocat d'un retour au passé ni d'un refus de ce que la science, la technologie et les moyens extérieurs peuvent apporter, y compris aux enfants. Mon propos est simplement que le fond doit primer sur la forme, et la précéder. Le corps doit grandir avant les habits, les possibilités intérieures avant les moyens extérieurs. « Inside-out » disent les Américains : les choses doivent démarrer en dedans, puis s'extérioriser, trouver leur correspondant externe.

C'est ce qu'avait compris cet homme du sud de l'Inde, âgé d'une soixantaine d'années, que j'ai rencontré il y a dix ans en France où il était venu négocier la vente d'huiles essentielles que sa société produisait. Cet homme avait connu la dramatique partition de l'Inde, à l'âge de sept ans. Avec ses parents, il avait dû marcher des centaines de kilomètres, en emportant un minimum d'affaires, pour fuir cette région qui allait devenir le Pakistan, car lui et sa famille étaient hindous. Il commença à travailler à sept ans. À force de volonté et d'acharnement, il réussit à créer un jour sa propre entreprise et à la rendre prospère. Pourtant, il me confia qu'à sa mort toute sa fortune irait à des œuvres de charité et qu'il n'en léguerait rien à ses enfants. J'en fus surpris. « S'ils ont les mêmes compétences que moi, ils n'auront pas besoin de ma fortune », m'expliqua-t-il, « ils se créeront la leur par leurs propres moyens. Et s'ils n'ont pas les mêmes capacités que moi, alors ma fortune ne pourra que leur nuire, puisqu'ils n'auront pas les moyens d'en faire bon usage. » Dit d'une autre façon, il laissait à ses enfants le soin de se tailler des habits sur mesure plutôt que de leur léguer les siens, au risque qu'ils soient trop grands pour eux. Sans prendre ce récit comme un modèle de comportement à suivre à la lettre, je trouve qu'il a le mérite d'obéir à une cohérence qui va dans le sens de l'allégorie du papillon. Il donne la priorité aux qualités intérieures – force, courage, intelligence, leadership, amour, débrouillardise, esprit d'entreprise et j'en passe – et voit dans les moyens et acquis matériels la concrétisation ou le reflet extérieur de ces qualités-là.

Que cet homme fût hindou n'est sans doute pas étranger à cette façon de voir les choses, car l'Inde, même si elle subit diverses influences néfastes de l'Occident, reste une nation profondément spirituelle. Chez nous, le matérialisme propre à la culture occidentale incite chacun, dans tous les domaines, à chercher de préférence des solutions matérielles, extérieures, plutôt que d'aller puiser en nous, au niveau subtil, des ressources qui ne demandent qu'à être actualisées.

L'histoire de cet Hindou, d'ailleurs, n'est pas sans rappeler ces contes pour enfants dans lesquels un roi confie son fils à un couple de paysans vivant sur ses terres, afin qu'il soit élevé en ignorant ses origines royales, qu'il apprenne à connaître la terre, les animaux et les hommes, à subvenir à ses besoins, pour développer en lui les qualités et les connaissances qui feront plus tard de lui un roi digne de sa charge et de ses fonctions.

On ne fait pas un papillon en collant des ailes sur une chenille, ni un roi en posant une couronne sur la tête d'un enfant, ni davantage un homme en passant à un gamin des habits d'adulte. On ne peut pas donner à autrui ce qui ne peut être que le résultat d'une transformation intérieure, strictement personnelle. Nous pouvons, en revanche, favoriser cette maturation intérieure, tout comme on peut arroser une graine pour qu'elle germe.

L'allégorie du papillon nous conduit aussi à nous interroger sur la souffrance. N'est-ce pas précisément pour diminuer les souffrances de ce lépidoptère, pour le libérer plus vite, que nous voulons déchirer son cocon à sa place ? De manière plus générale, l'aide que nous souhaitons apporter à autrui ne vise-t-elle pas souvent à lui éviter de souffrir, à lui rendre les choses plus faciles ? Mais toute souffrance est-elle nécessairement négative ?… Où se situe la frontière entre la douleur de l'effort, acceptée et recherchée dans le sport, par exemple, et le seuil où une souffrance est jugée inacceptable ? Il n'existe évidemment pas de réponse systématique à cette question.

Ce qui est certain, en revanche, c'est que l'option « zéro souffrance » n'est ni possible, ni souhaitable. Il en va de la souffrance comme de toute chose : il en est de bonnes et de mauvaises, de nécessaires et d'inutiles, d'indispensables et d'inacceptables. Ce qui les distingue les unes des autres, c'est le sens qu'elles recèlent ou non aux yeux de qui les subit, ou celui que nous parvenons ou non à leur infuser. « Donnez-moi un pourquoi », écrivait Nietzsche, « et je supporterai n'importe quel quoi ».

La souffrance du futur papillon a un sens, puisqu'elle naît de l'effort qui lui permettra de voler : elle est le prix de sa libération, elle est non seulement utile mais indispensable. Celle de la femme qui accouche aussi, puisqu'elle accompagne le fait de donner la vie [1], de même que celle du bébé qui naît participe de la formation de son caractère face à l'épreuve, comme Grof l'a montré avec ses travaux sur les matrices périnatales [2]. De même pour la souffrance du sportif qui dépasse ses limites et bat de nouveaux records. À l'extrême, le Christ est

1. Cela ne signifie pas qu'il faille renoncer à tout moyen d'atténuer la douleur, mais autant une douleur insupportable peut traumatiser la mère et l'enfant, autant l'absence de tout ressenti (qui caractérisait les premières années de pratique de la péridurale, par exemple) peut donner à la femme le sentiment qu'on lui a « volé » son accouchement.

2. Lire à ce sujet : *Royaumes de l'inconscient humain* (Éditions du Rocher, 1983), *Psychologie transpersonnelle*, S. Grof (Éditions du Rocher, 1984).

allé jusqu'à donner un sens à son martyre sur la croix et à sa mort.

En revanche, souffrir atrocement sous la fraiseuse du dentiste, alors qu'il existe des anesthésiants, n'a a priori de sens pour personne. Être torturé intérieurement des années durant à cause des séquelles psychologiques d'un traumatisme ou de sévices subis dans l'enfance, quand diverses thérapies permettent désormais de s'en libérer, n'a guère de sens non plus. Privée de sens, une douleur minime est plus difficile à supporter qu'une autre plus intense mais qui, elle, en possède un.

Rescapé des camps de concentration nazis, auteur d'ouvrages exceptionnels, Viktor E. Frankl écrivait : « Vivre, c'est souffrir. Survivre, c'est donner un sens à sa souffrance. » Et il ajoutait : « L'homme ne cherche ni le plaisir, ni la souffrance, mais un sens à sa vie. » Privés de sens, le plaisir avilit et la souffrance détruit. Notre refus de presque toute forme de souffrance (sport excepté), de même que notre quête hédoniste éperdue, caractéristiques de la société contemporaine, apparaissent ainsi comme le reflet de la perte de sens que beaucoup s'accordent à lui reconnaître. La souffrance n'est alors plus le témoin de l'effort que nous accomplissons pour nous dépasser dans un domaine, elle n'est qu'une gêne inutile, dépourvue de sens, qu'il nous faut éliminer par des moyens extérieurs : machines, médicaments, drogues.

En somme, il ne s'agit ni de « souffrir pour souffrir », ni de condamner indistinctement toute souffrance, en tombant dans un hédonisme primaire aussi malsain à la longue que l'excès inverse, mais de distinguer la souffrance qui fait grandir de celle qui détruit, de même qu'il y a un feu – celui du soleil – qui fait réchauffer et fait mûrir les fruits, et un autre qui brûle et carbonise tout ce qu'il touche.

Si nous voulons vraiment aider autrui, nous devons donc immanquablement nous poser cette question fondamentale du sens : pourquoi autrui souffre-t-il ? Que gagne-t-il ou perd-il par sa souffrance ? En souffrant un peu, devient-il plus fort, plus intelligent, plus résistant, plus tolérant, ou non ? Tout parent, tout éducateur, tout entraîneur ou leader, est confronté un jour à la question de la souffrance d'autrui et à la façon de la comprendre et d'y réagir. Mais de même que l'enfant aime le sucré mais déteste l'amer qu'apprécie l'adulte, c'est seulement après avoir su distiller nous-mêmes l'amertume de notre souffrance et en avoir ensuite goûté le nectar précieusement extrait que nous pouvons laisser autrui, en l'accompagnant, opérer cette alchimie intérieure que permet le feu de la souffrance, plutôt que de nous ruer sur lui, un extincteur à la main.

Il existe en droit un délit de « non-assistance à personne en danger » : ainsi, ne pas venir en aide à quelqu'un qui souffre – un blessé grave sur le lieu d'un accident, par exemple – est puni par la loi. Mais n'observe-t-on pas parfois un délit « d'assistance inopportune à personne non menacée » ?... C'est bien ce qui arrive au papillon de cette allégorie, même si ce délit ne figure pas dans le Code pénal. Les conséquences du premier délit sont évidentes : le blessé peut mourir ou son état s'aggraver considérablement. Celles du second sont moins apparentes puisqu'elles n'affectent pas le corps, mais le potentiel de la victime : elles ne touchent pas son être, mais son devenir, étouffant de l'extérieur ce qui devait émerger de l'intérieur. L'assistance inopportune à personne non menacée est un délit contre l'évolution personnelle, contre la croissance, contre le dépassement de soi.

C'est dans cet esprit qu'un grand thérapeute, aussi soucieux de l'âme que du corps de ses patients, enseignait qu'avant de soigner autrui, le véritable médecin veille à ce que son traitement permette au malade d'accomplir le même chemin que la maladie l'aurait contraint à parcourir. À défaut de quoi, la seule guérison physique, comme la libération extérieure du papillon, prive ce patient des ailes que développerait en lui la compréhension pleine et entière de sa maladie.

À l'évidence, la métaphore du papillon est pleine de sagesse. Elle souligne la primauté de l'intérieur sur l'extérieur, de ce qui est subtil, énergétique ou spirituel sur ce qui est matériel. Inside-out : faire sortir notre potentiel intérieur, favoriser l'émergence de nos ressources, plutôt que de les atrophier par des apports externes. Elle redonne ses lettres de noblesse à nos efforts, dans tous les domaines, et même à nos souffrances, quand elles sont utiles, porteuses de sens, indices d'un dépassement de soi, d'une évolution. Elle évoque une pédagogie de l'accompagnement, de l'émergence, plutôt que de l'aide mal comprise qui affaiblit ou détruit ce qu'elle croit sauver. Quel symbole !

5.

Le champ magnétique et la limaille : modifier le visible en agissant sur l'invisible

Imaginez une petite table de camping pliable en Formica. Sous son plateau a été dissimulé un aimant. On demande ensuite à une personne munie d'une salière remplie de limaille de fer, de couleur noire, d'en saupoudrer le dessus de cette table. Elle a alors la surprise de voir ces fines particules de fer, non pas tomber au hasard sur la surface, mais s'organiser en un motif très ordonné qui ne doit rien au hasard. Le champ magnétique de l'aimant, quoique invisible, va en effet agencer l'ordonnancement de cette limaille en fonction des lignes de force qui réunissent ses deux pôles.

Imaginez, maintenant, que cette

personne, insatisfaite du motif ainsi formé, le balaie du revers de la main, avant de saupoudrer à nouveau la même surface avec une autre salière contenant une limaille teintée de bleu. Immanquablement, les nouvelles particules de fer vont s'organiser selon les mêmes lignes de force et former un dessin très ressemblant au premier, mais de couleur bleue, cette fois.

Si, en revanche, quelqu'un écarte ou rapproche les pôles de l'aimant placé sous la table, ou s'il y dispose deux pôles de même polarité, instantanément les particules de limaille de fer, de quelque couleur qu'elles soient, vont modifier leur arrangement pour refléter la modification sous-jacente du champ magnétique.

Cette expérience, que beaucoup d'enfants ont faite avec émerveillement à l'école ou chez eux, est une excellente métaphore de phénomènes que l'on observe dans de nombreux domaines d'activité humaine. Elle nous apprend, en effet, qu'un événement parfaitement visible peut obéir à des influences invisibles mais néanmoins probantes. Quand nous ne prenons pas en compte ces influences subtiles, les tentatives que nous entreprenons pour modifier la partie manifeste du phénomène restent infructueuses ; les mêmes schémas se reproduisent invariablement. Si nous voulons effectuer un changement véritable, il nous faut donc intervenir sur les causes profondes, non visibles [1].

Le champ d'application de cette métaphore est immense, tant nous avons pris l'habitude aujourd'hui d'offrir des solutions superficielles à des problèmes de fond, de ne prendre en compte que la part matérielle,

1. J'ai utilisé cette métaphore dans un précédent ouvrage, *Médecine, religion et peur : l'influence cachée des croyances* (Jouvence, 1999), pour expliquer la façon dont la médecine moderne, depuis Pasteur, reste influencée à son insu par un puissant courant religieux qui affecte ses dogmes, sa pratique et ses recherches.

tangible, mesurable des phénomènes que nous étudions. Ainsi, que ce soit en médecine, dans l'agriculture, dans l'éducation ou en politique, nous nous efforçons de remédier aux difficultés qui se présentent en agissant sur les symptômes, tout en négligeant les causes profondes dont ceux-ci sont le reflet apparent.

Mais le champ magnétique et la limaille existent tout d'abord en chacun de nous et c'est là que nous avons intérêt à les mettre en évidence. En nous, le champ magnétique est constitué de l'ensemble de nos croyances : pas seulement nos croyances conscientes – la religion, la philosophie, le courant de pensée auquel nous adhérons – mais aussi et surtout l'ensemble des a priori, des valeurs, des préconceptions et des croyances implicites que nous avons développées en grandissant (sans les vérifier) ou que nous avons héritées du milieu dans lequel nous avons vécu (famille, environnement social, pays). Nous ne croyons pas seulement à des dogmes religieux. Nous croyons à nos propres fantasmes, à ce que nous susurrent nos peurs, à ce que les autres nous ont dit de nous-mêmes et du monde. Nous croyons en certaines idées politiques, à une conception donnée de la médecine, à des valeurs culturelles et sociales, à ce qui est écrit dans les journaux, à une multitude de choses dont la plus grande partie est d'ailleurs inconsciente, sauf si nous avons entrepris son objectivation consciente.

Notre « champ de croyances », comme on peut le nommer, exerce une influence puissante et incessante sur notre façon d'être, sur nos perceptions et également sur notre manière de penser et d'aimer. La « liberté de penser » que notre société vénère au dernier degré est en large partie un leurre, dans l'état actuel des choses. Ce leurre est caractéristique d'une époque qui voue un culte à l'intellect en méconnaissant, malgré les travaux de la psychologie et de la psychanalyse (et, avant elles, de diverses traditions spirituelles), toutes les influences subconscientes et inconscientes qui s'exercent sur notre prétendue « libre » pensée. De même que la tête ne saurait vivre indépendamment du corps, notre intellect ne pense pas indépendamment de ce qui se passe dans notre cœur (l'affectif) et notre corps, tant au niveau conscient qu'inconscient. Autrement dit, notre liberté de pensée est en réalité limitée à notre champ de croyance. Celui-ci délimite un espace aux frontières aussi invisibles qu'infranchissables, hors desquelles notre pensée ne parvient guère à s'envoler. Dans *la Guerre des Étoiles*, Spielberg illustrait à merveille cette relation entre champ de croyances et liberté de pensée : certaines planètes y étaient entourées d'un bouclier magnétique, de sorte que les vaisseaux spatiaux ne pouvaient évoluer qu'à l'intérieur de la sphère invisible qu'il formait, sauf si quelqu'un le désactivait. De même, tout vaisseau extérieur à la planète, tout intrus, ne pouvait pas non plus en pénétrer la frontière invisible, mais tangible. C'est à mes yeux une belle métaphore de cette autre sphère dans laquelle évoluent nos pensées, délimitée par nos croyances et imperméable aux idées qui sortent de son champ d'influence.

Si pour les poètes la pensée a des ailes, notre champ de croyance en est la cage et nos peurs, ses barreaux les plus solides. Il n'y a pas de vraie liberté de pensée sans liberté de croyance, c'est-à-dire sans prise de conscience des croyances qui agissent sur nous. Il ne s'agit pas nécessairement de renoncer à nos croyances, mais tout au moins d'objectiver l'influence qu'elles ont sur nous, pour ne pas en rester prisonnier. Pour cela, il nous faut également venir à bout des peurs qui galvanisent ce bouclier de croyances, dans la sphère duquel nos pensées tournent en rond, et qui nous empêchent de le désactiver pour explorer de nouveaux territoires.

Chez celui qui n'a pas fait un travail de mise au jour du filet invisible de croyances qu'a tissé en lui son éducation, la pensée est un oiseau retenu par un fil à la patte, qui n'évolue que dans un espace circonscrit et limité. Même le cerveau le plus brillant, le mieux entraîné, n'est pas à l'abri de ces influences invisibles. En science, en politique, en économie, partout on voit des exemples de grands « penseurs », d'hommes et femmes de génie dont les travaux ont cependant été biaisés, limités ou dénaturés par leur champ de croyances demeuré inconscient. Les biographies de personnages comme Darwin, Mendel, Einstein, Freud, Pasteur et tant d'autres, ne laissent aucun doute sur ce point. On ne peut le leur reprocher, dans la mesure où la formation des scientifiques ne leur enseigne pas plus aujourd'hui qu'hier à se connaître eux-mêmes, afin de libérer leur pensée de ces influences souterraines qui parasitent leurs travaux.

Si nous voulons effectuer un véritable changement en nous, nous devons donc agir sur ce champ sous-jacent et pas seulement sur la surface des choses. On peut changer de travail, changer de mari ou de femme, changer de pays, changer de religion même, tout en conservant le même champ de croyances… lequel aura tôt fait de reconstruire autour de soi la copie conforme de la situation que l'on a fuie ou qu'on espérait changer. Une femme battue divorce et retrouve un mari qui la bat. Un employé harcelé quitte son travail et retombe dans une autre entreprise qui le harcèle. Un croyant fuit les restrictions imposées par sa religion pour en adopter d'autres plus exotiques, mais tout aussi contraignantes, et ainsi de suite. Dans chacun de ces cas, la limaille de fer a changé de couleur, mais elle ne manque pas d'adopter la même configuration qu'auparavant. « On change, on change, mais c'est toujours la même chose », a-t-on coutume de dire en France, une expression qui reflète à quel point sont vains les changements qui n'affectent que la surface.

On voit ici toutes les limites du seul travail conscient, du seul travail sur ses pensées : pensée positive, compréhension intellectuelle de ses comportements, affirmations. Si notre cœur n'est pas touché, si nos émotions ne sont pas prises en compte, si nos blocages ne sont pas levés, si nos peurs subsistent en profondeur, si nos croyances restent inconscientes, notre changement demeurera superficiel et ne durera pas. C'est la raison pour laquelle de plus en plus de nouvelles psychothérapies prennent en compte toutes les dimensions de l'être humain – esprit, intellect, affectif et corps – afin de produire du changement en profondeur dans son champ de croyances.

Chez celui qui prend le temps de faire ce travail en profondeur, d'agir sur son propre « champ de croyances », les changements de surface tendent au contraire à apparaître d'eux-mêmes, comme une conséquence naturelle de ce qui a débuté dans son for intérieur. Quand on se transforme en profondeur, on modifie les relations que l'on a avec soi-même, tout d'abord, puis avec ses proches, avec ses parents, amis et collègues. En l'espace de quelques années, parfois plus rapidement, les personnes qui effectuent une telle métamorphose intérieure constatent que tout leur environnement change spontanément lui aussi : nouvelles opportunités professionnelles, nouveau cadre de vie, nouvelles relations avec leur conjoint (ou nouveau conjoint, selon le chemin suivi par chacun), sans qu'elles aient décidé ni voulu cela consciemment.

De manière générale, la métaphore du champ magnétique et de la limaille de fer nous montre que les changements superficiels ne durent pas davantage que de l'or plaqué sur une surface non préparée à le recevoir et qui finit par tomber. Dans le meilleur des cas, lorsque nous imposons ce changement, lorsque nous greffons de force une nouvelle forme sur un fond qui ne lui correspond pas, nous aurons momentanément l'illusion d'avoir réussi à changer les choses, le temps que cette transformation de surface s'use, s'effrite et disparaisse, laissant à nouveau se manifester le même fond inchangé.

C'est ce qui arrive, par exemple, nous dit André Giordan [1], du Laboratoire de Didactique et d'Épistémologie des Sciences (LDES) de Genève, quand l'école plaque un savoir extérieur sur les idées préconçues des enfants, sans prendre le temps d'identifier et de faire évoluer celles-ci. Giordan illustre cela avec la conception de l'intérieur du corps humain qu'ont la majorité des enfants : la plupart croient en effet qu'un tube part de la gorge et qu'à son extrémité inférieure il se divise en deux pour évacuer d'un côté le « caca » et de l'autre le « pipi ». L'école ne tenant pas compte de cette conception des choses, les enseignants la recouvrent

1. Instituteur, professeur de collège et de lycée, directeur de recherche à l'INRP et au CNRS en France, chargé de cours à Paris VII, André Giordan, aujourd'hui professeur à l'université de Genève, a notamment écrit *L'enseignement scientifique à l'école maternelle* (Delagrave), *Une autre école pour nos enfants ?* (Delagrave), *Apprendre !* (Belin).

simplement d'un vernis intellectuel en expliquant aux enfants le fonctionnement du système digestif (œsophage, estomac, intestins, anus), qui produit les selles, puis celui du système rénal (reins, vessie, sexe), qui produit l'urine. Giordan montre précisément dans ses recherches que ce vernis ne tient guère : on voit ainsi des adultes, y compris appartenant au personnel hospitalier, à qui l'on demande de dessiner l'intérieur du corps humain, commencer par esquisser l'œsophage, l'estomac, les intestins... puis dessiner une division pour évacuer l'urine devant et les selles derrière ! La conception enfantine, qui n'a jamais été identifiée, discutée, remise en cause, ressurgit des années plus tard à travers le placage intellectuel fissuré. L'enseignement mis au point par André Giordan et son équipe part, au contraire, des conceptions qu'ont les enfants pour les faire évoluer : le savoir n'est plus simplement plaqué de l'extérieur, il est assimilé de l'intérieur, comme l'eau par les plantes qui développent ainsi leurs propres feuilles à partir de ce qui est mis à leur disposition.

Autre exemple : il y a quelques décennies, un crucifix ancien s'est effondré dans une église du Mexique. Cet accident a révélé sous la figure christique la présence d'un dieu inca. Par la suite, on a découvert le même phénomène sur de nombreux autres crucifix de l'époque. Forcés à adopter une religion qui n'était pas la leur, ces habitants du Mexique ancien ont dissimulé leurs véritables croyances sous les formes qu'on leur imposait. Ils ont fait la démonstration littérale qu'il ne s'agissait que d'un placage superficiel, à travers lequel ils continuaient à pratiquer la religion de leurs ancêtres. Sous le Christ, ils continuaient de vénérer leur propre dieu inca. La « limaille chrétienne » n'avait en rien changé « l'aimant inca », c'est-à-dire le champ de croyances que ces gens continuaient d'entretenir dans leur for intérieur.

De manière analogue, les tentatives dans plusieurs pays du monde pour plaquer la démocratie sur des populations ayant vécu longtemps sous des régimes totalitaires ont souvent abouti à des résultats très mitigés, quand ces populations n'avaient pas préalablement effectué le cheminement intérieur correspondant à cette forme politique. Le « motif démocratique » – l'agencement de la structure politique – ne peut tenir durablement que dans un pays dont le mode de pensée et le fonctionnement social ont progressivement évolué vers ceux de la démocratie. La régression démocratique qui caractérise la Russie, à l'heure où j'écris ces lignes, comme la difficulté considérable rencontrée par les États-Unis à apporter la démocratie en Irak, sont des exemples types d'une tentative maladroite de réorganiser en surface la structure politique d'un pays, sans avoir tout d'abord – et cela demande beaucoup de temps – donné aux populations de ces pays, en les accompagnant, la possibilité de faire évoluer leur conscience sociale et politique jusqu'au niveau correspondant à l'esprit démocratique. On dit en biologie que « la fonction crée l'organe » : nous ferions bien de nous en inspirer quand nous voulons intervenir dans le corps social d'un pays, afin de ne pas y implanter des organes démocratiques avant que son fonctionnement n'ait évolué vers la démocratie.

Quel que soit le domaine, nous croyons souvent à tort qu'il suffit de bombarder quelqu'un d'arguments, de faits objectifs, de preuves convaincantes, bref d'affirmer notre supériorité intellectuelle, pour qu'il change d'opinion et adopte celle que nous voulons lui imposer. La réalité est tout autre. Les croyances ne sont pas de l'ordre de l'intellect : elles dépendent bien davantage de l'émotionnel et de l'irrationnel. La raison suffit donc rarement à les entamer. Oui, c'est vrai, on arrive parfois à faire changer d'avis quelqu'un, quand il n'est plus capable d'opposer le moindre argument à tout ce qu'on lui assène. Mais pour combien de temps ?... À peine aurons-nous le dos tourné qu'il reviendra à ses croyances premières, auxquelles s'ajouteront de la colère ou de la haine envers nous, pour l'avoir ainsi écrasé de notre savoir.

À méconnaître ce fonctionnement, nous commettons beaucoup d'erreurs, de maladresses et de dégâts. En politique, par exemple, certains s'imaginent qu'il suffit d'opposer de meilleurs arguments à ceux des partis extrémistes ou populistes pour réussir à convaincre leur électorat de changer de camp. Pire, ils croient qu'en ridiculisant ces électeurs, en les méprisant, en les jugeant de mille façons, ils vont les encourager à rallier une autre cause. C'est tout le contraire qui se produit : plus les gens se sentent attaqués, plus ils se défendent et s'ancrent dans leurs propres convictions. Pendant ce temps, leurs aspirations, leurs besoins, leurs peurs, les déterminants profonds qui les font adhérer à tel programme politique ou à telle idéologie ne sont pas identifiés ni pris en compte. Résultat : les autres partis ne proposent aucune alternative pour satisfaire ces besoins, pour dissiper ces peurs ou répondre à ces interrogations profondes.

Balayer du revers de la main les convictions politiques d'autrui, sans chercher à comprendre le champ sous-jacent dont elles sont le reflet, est une stratégie inefficace, comme le montrent les scores croissants des partis d'extrême droite, malgré – ou grâce à ? – toutes les campagnes de dénigrement dont ceux-ci font l'objet. À l'inverse, la force d'un Gandhi, par exemple, a été de prendre le temps de connaître en profondeur le peuple de l'Inde – ses attentes, ses souffrances, ses aspirations, etc. – avant d'élaborer une stratégie politique qui en tienne compte, quand les autres leaders politiques indiens tenaient des discours intellectuels totalement coupés des réalités de leurs concitoyens. L'approche de Gandhi a, toutefois, elle aussi trouvé ses limites : la non-violence, non plus, ne peut se plaquer sur le comportement superficiel d'un individu ; elle doit, elle aussi, être le reflet extérieur d'une transformation en profondeur de soi-même, sans quoi elle ne tient pas durablement. On peut d'ailleurs élargir ce constat aujourd'hui à certaines méthodes dites « non-violentes » qui enseignent quels comportements adopter, quelles formulations utiliser pour communiquer harmonieusement avec autrui, mais qui n'agissent pas sur la part d'ombre de l'individu d'où émane sa violence. D'où ce résultat paradoxal que certains adeptes de ces méthodes dégagent une violence inouïe dans leur pratique de la non-violence !

Prenons un dernier exemple de cette métaphore de l'aimant et de la limaille en politique : celui des États-Unis. La dynamique messianique qui a présidé à la création de la société américaine et la mission dont ce pays s'estime toujours porteur continuent d'influencer aujourd'hui le rôle que les États-Unis entendent jouer dans le monde. Ignorer cet arrière-plan religieux, c'est nous priver de la possibilité de comprendre ce qui détermine les grandes lignes du rapport de l'Amérique à elle-même et au monde entier. Dès lors, attendre d'une nouvelle élection, d'un nouveau président ou d'une nouvelle administration un changement véritable et profond dans la politique américaine revient à croire, dans notre métaphore, qu'il suffit de remplacer une couche de limaille par une autre, pour que la nouvelle puisse former un motif radicalement différent. L'évidence nous rappelle tous les jours que tel n'est pas le cas et que, tout au plus, seule change la couleur politique du motif.

J'ai trouvé dans un récent ouvrage sur les différences entre les deux sexes, *Taking sex differences seriously*, de Steven E. Rhoads [1], une autre illustration inattendue du principe de l'aimant et de la limaille de fer. L'auteur y explique que le féminisme, en réaction aux excès de la société machiste d'autrefois, a longtemps répandu l'idée que les identités masculine et féminine n'étaient que des constructions sociales et qu'elles n'avaient rien d'inné, de biologique. Autrement dit, notre identité sexuelle serait dans la limaille, le superficiel, pas dans l'aimant, notre nature fondamentale. Selon les féministes, il suffisait donc de donner exactement la même éducation aux garçons et aux filles pour les voir se développer de façon identique, androgyne. De même, les partisans de ces théories étaient convaincus qu'en fournissant à un enfant une éducation délibérément orientée vers tel sexe, il était possible de développer la tendance correspondante en lui et d'inhiber l'autre, qu'il soit garçon ou fille au départ.

1. Encounter Books, 2004.

Les faits et de nombreuses expériences, dont l'ouvrage de Rhoads fait une vaste recension, ont clairement établi l'inverse, à savoir que dès sa naissance, un enfant a un comportement clairement masculin ou féminin, indépendamment de l'éducation qu'il reçoit. Rhoads cite le cas de jumeaux dont l'un, suite à une faute médicale au moment de la circoncision, dut avoir le pénis amputé et fut finalement castré. Son prénom fut alors féminisé et il reçut l'éducation type que l'on donnait aux filles, au début des années 60. L'expérience fut toutefois un échec retentissant : l'enfant continua d'avoir des comportements typiquement masculins, il reprit son prénom dès qu'il put et plus tard se maria (à une femme). D'autres expériences tentées par des mères très féministes, visant à éduquer leurs garçons sans les exposer à des jouets guerriers (revolvers, arcs, fusils), sans stimuler leur agressivité ni leur esprit de compétition, dans l'espoir de faire émerger leur nature prétendument androgyne, échouèrent également et au contraire mirent en évidence la nature innée des caractéristiques sexuelles. On ne fait pas un garçon en saupoudrant une fille de « limaille masculine », symboliquement parlant, pas plus qu'on ne fait une fille en forçant un garçon à adopter des comportements féminins [1].

De manière générale, nous voyons avec cette métaphore l'impasse où peut conduire une vision matérialiste et superficielle du monde, puisqu'elle nous incite à ignorer les déterminants profonds ou cachés de nombreux problèmes sur lesquels nous prétendons agir et, par voie de conséquence,

1. Cet exemple – et ce livre – me paraissent intéressants, car je pense que l'attitude actuelle qui consiste à nier les différences plutôt qu'à apprendre à les gérer et à en voir la richesse ne conduit qu'à une impasse. Elle est aussi inefficace que l'astuce que croyait avoir trouvée le chauffeur d'un bus scolaire dans lequel chaque matin Noirs et Blancs s'insultaient : celui-ci les fit descendre et leur expliqua que, dorénavant, il n'y avait plus ni Blancs, ni Noirs, qu'ils étaient tous Bleus… avant de leur demander de remonter dans le bus, les Bleu foncé devant, les Bleu clair derrière !

à leur proposer des solutions qui n'ont qu'un effet superficiel, lui aussi, et donc éphémère. Qu'il s'agisse des grands enjeux écologiques auxquels nous sommes confrontés aujourd'hui, de la violence, de la faim dans le monde, du déséquilibre Nord-Sud, ou encore des problèmes dans l'éducation et à l'école, la plupart des solutions qui sont préconisées à ces problèmes ont pour ambition de modifier le motif de la limaille, de changer la partie apparente de ces questions. Cette généralisation peut sembler hâtive et excessive, mais il n'en est rien. Car derrière la diversité et la complexité de ces problèmes, c'est le mode de fonctionnement de la psyché humaine qui est en cause, c'est-à-dire notre façon d'aimer et de penser, et en particulier les relations qui s'établissent entre notre cœur et notre intellect, ainsi qu'entre l'inconscient et le conscient.

Regardons autour de nous : tous les objets qui nous entourent, qu'il s'agisse d'un immeuble ou d'un bibelot, d'un ordinateur ou d'une tasse, d'une route ou d'un poteau téléphonique, ont d'abord été désirés et pensés avant d'être fabriqués. C'est une évidence que nous oublions : nous sommes entourés de désirs et de pensées matérialisés. Même nos lois, nos droits, nos valeurs, ces éléments plus immatériels qui influent tant sur notre existence individuelle et collective, ont été tout d'abord conçus par la pensée et nourris par le sentiment. Ce qui signifie que les crises et difficultés mondiales auxquelles nous faisons face aujourd'hui, quelle que soit la manière dont elles se matérialisent dans notre vie, sont avant tout le résultat d'une certaine façon de penser, influencée consciemment ou non par l'affect dont on investit celle-ci.

Einstein disait que la solution à un problème ne peut provenir de la pensée qui l'a créé. Le même agencement des pôles de l'aimant produit toujours le même motif dans la limaille. C'est donc non seulement d'une autre pensée dont nous avons besoin aujourd'hui, mais d'une autre relation entre nos pensées et nos sentiments, entre le conscient et l'inconscient, entre ces deux pôles de notre nature qui sont les parents de nos actes, de nos réalisations matérielles.

Cette nouvelle relation se caractérise avant tout par la prise en compte de cette dimension féminine, cachée, subtile qui est toujours à l'œuvre dans nos activités, que nous en soyons conscients ou non. L'aimant se voit, la limaille aussi : le champ magnétique, non. Une idée peut être exprimée, sa réalisation est perceptible : mais le désir, les sentiments qui rendent possible le passage de l'une à l'autre ne le sont pas. Sans eux, pourtant, l'idée reste stérile, comme une graine privée d'eau pour germer. Aussi brillant soit-il, l'intellect ne met rien au monde sans l'énergie nourricière du cœur, du sentiment, de la passion, du désir. Ne voient le jour que les projets qui ont trouvé un cœur pour s'y établir et y prendre forme, souvent d'abord dans une obscurité protectrice et féconde.

Le motif de la limaille ne change que si nous modifions la disposition de l'aimant : si nous approchons ou écartons ses pôles, si nous les mettons ou non en contact avec le support où s'ordonne la limaille. Symboliquement parlant, c'est donc de la relation entre le cœur et l'intellect que dépendent des changements véritables et profonds dans les œuvres humaines. La « guerre des sexes », l'éternel conflit hommes-femmes, n'est que le reflet extérieur de ce conflit qui oppose la tête et le cœur en chacun d'entre nous, et qui se reflète dans tout ce que nous entreprenons au-dehors. Notre société prétend aujourd'hui donner une plus grande place aux femmes : mais que fait-on pour que l'école ne développe pas seulement l'intellect, mais aussi le cœur, notre femme intérieure ?… Quelle place laissons-nous aux émotions, aux sentiments, dans l'école, au travail, partout ? De même que, trop souvent, les femmes n'arrivent à exister dans le monde moderne qu'en adoptant une posture d'homme, nos émotions et nos sentiments n'ont droit de cité qu'en étant rationalisés à la sauce intellectuelle. La parité, c'est donc en nous d'abord qu'il faut la réaliser. Cela signifie équilibrer notre intellect et notre affectif. Cela implique aussi de mieux connaître en nous les relations existant entre le conscient et l'inconscient, entre la lumière et l'ombre, entre l'âme et le corps. Tant que dans chacun de nos couples intérieurs une composante sera ignorée ou méprisée, nous payerons le prix de ces déséquilibres, en nous et autour de nous, comme on le constate quotidiennement.

Le changement, le vrai et profond changement, a pourtant déjà commencé et ne cesse de prendre de l'ampleur. Le développement personnel, la psychothérapie, les diverses méthodes de communication accordent de plus en plus au cœur la place et le rôle qu'il mérite. La spiritualité, sous des formes dont la multiplicité est un remède à la pensée unique, connaît un regain d'intérêt considérable, après avoir été longtemps vidée par erreur avec l'eau (bénite ?) du bain de la religion. Une part croissante de la population lit des magazines ou des livres, écoute des émissions, va à des conférences ou suit des cours où l'on apprend à connaître le « magnétique », le féminin, le cœur, le caché. Et, sans surprise, on constate que ce sont le plus souvent les personnes qui effectuent ce travail sur leurs polarités intérieures – intellect/affectif, conscient/inconscient, esprit/corps – qui sont aussi à l'origine de nouvelles approches dans l'éducation, la médecine, l'agriculture, les sciences et les autres domaines d'activité humaine. Le changement intérieur se reflète et se traduit à l'extérieur. Une nouvelle culture fait ainsi progressivement son apparition ou plus précisément de nouvelles cultures – au pluriel –, comme l'ont mis en évidence Paul H. Ray et Sherry Ruth Anderson, dans leur ouvrage *L'émergence des créatifs culturels*[1]. Selon ces auteurs, près d'un quart de la population des pays occidentaux serait déjà concerné par cette évolution. Cette fois, c'est bien l'aimant qui est changé en premier, en profondeur, et même si les anciennes formes, quelque peu rigidifiées, opposent de la résistance au nouveau courant qui les parcourt, rien n'empêchera à terme leur disparition progressive et leur remplacement par de nouvelles structures, en résonance avec ces changements profonds[2].

Nous pouvons donc utiliser l'allégorie de l'aimant et de la limaille de fer comme une grille de lecture très intéressante de ce qui se passe en nous et autour de nous. Elle nous

1. Éditions Souffle d'Or.

2. ... sinon une catastrophe mondiale que certains prophétisent d'ailleurs. Mais la fin du monde qu'ils annoncent n'est peut-être que la fin d'*un monde*. En attendant de savoir ce que réserve effectivement l'avenir, il est préférable d'alimenter de ses espoirs un scénario optimiste que de laisser la peur nous paralyser et attirer ce qu'elle redoute. L'avenir sera ce que nous en ferons.

suggère de ne pas nous arrêter à la surface des choses, aux apparences. De remonter aux causes premières. D'agir sur les déterminants profonds de ce que nous voulons changer – en nous ou dans le monde – plutôt que de perdre notre temps et notre énergie à modifier une forme dont l'agencement obéit de toute façon à des influences cachées.

À mes yeux, l'un des dénominateurs communs de l'évolution humaine depuis plus d'un siècle est précisément la prise en compte de la face cachée du réel, celle que nos sens ne captent pas, mais dont le rôle et l'influence sont considérables. Freud, par exemple, a mis en évidence la notion d'inconscient, la part cachée de la psyché. Pierre et Marie Curie ont révélé la radioactivité, en physique. On a aussi découvert une multitude d'ondes sur la base desquelles fonctionnent de nombreux appareils familiers : radio, télévision, téléphone portable, radar, sonar. Rupert Sheldrake, biologiste anglais, a postulé l'existence de « champs morphogénétiques », d'une nature et d'une énergie encore non élucidées, pour expliquer non seulement comment se crée la forme spécifique de chaque être vivant (question non résolue en biologie), mais, au-delà, pour décrire aussi comment se transmettent certains apprentissages chez les animaux ou chez les hommes, d'un individu à toute l'espèce. Les spécialistes de la communication ont découvert toute l'importance du non-verbal, ce que l'on dit non pas avec les mots, mais avec le regard, la posture, l'intonation. On a envoyé des satellites prendre des clichés de la face cachée de la lune. Des chercheurs ont mis en évidence l'influence olfactive de certaines hormones à des doses qui échappent totalement à notre perception consciente, mais qui n'en sont pas moins déterminantes sur nos comportements.

Le monde, découvrons-nous chaque jour davantage, n'est pas que matière, il n'est pas seulement ce que nos cinq sens nous laissent en percevoir. Nous ne voyons qu'une faible proportion de tout le spectre lumineux, nous n'entendons qu'une petite part du spectre auditif, des millions d'informations qui circulent dans l'univers à chaque instant échappent à nos cinq sens, mais jouent cependant un rôle crucial dans le fonctionnement du monde visible.

Il se pourrait que le monde physique ne soit que la partie la plus dense, la plus compacte d'une réalité dont nous commençons tout juste l'exploration, comme le suggèrent les diverses traditions spirituelles des cinq continents. Comme la vapeur, en se refroidissant, donne d'abord de l'eau puis de la glace solide, la matière n'est peut-être que la condensation d'énergies subtiles – esprit, pensée, sentiment – que nous commençons tout juste à apprivoiser.

Hier, on agissait sur le monde par la force physique, en construisant, en sculptant, en travaillant la matière. Aujourd'hui, quelques informations circulant sur Internet, invisibles impulsions électriques, peuvent déjà affecter la vie de millions de personnes. Demain, une meilleure connaissance du pouvoir créateur et formateur de la pensée et du sentiment, ainsi que des facultés spirituelles de l'homme, suscitera d'autres évolutions plus spectaculaires encore. Les valeurs éthiques, si difficiles à respecter dans un monde où tout paraît séparé, soumis au hasard et à la mort, deviendront peut-être pour chacun des évidences, quand nous aurons développé la conscience de l'unité du vivant et d'une énergie qui, comme le champ magnétique perdure après la disparition de la limaille, survit à la destruction des corps et aux formes éphémères.

La métaphore de l'aimant, dont le pouvoir apparemment magique fascine déjà les tout-petits, nous invite à explorer les dimensions non visibles du réel et à apprendre comment y créer, dans les plans subtils, ce que nous voulons voir se manifester ensuite dans le monde physique.

6.

L'œuf, le poussin… et l'omelette : de la coquille au squelette

Dans un œuf, le dur est à l'extérieur (la coquille) et le mou à l'intérieur (le jaune et le blanc). Par sa dureté, la coquille empêche le contenu liquide de se répandre avant qu'un poussin n'ait eu le temps de s'élaborer en son sein.

Couvé comme il se doit, baigné dans la chaleur, l'œuf va permettre à son contenu de s'élaborer progressivement.

Quand, à l'intérieur de la coquille, le poussin est entièrement développé, on constate qu'en lui le dur est désormais à l'intérieur – le squelette – et le mou à l'extérieur – la chair et les plumes.

Parce qu'il possède sa propre forme et sa

propre solidité intérieure et qu'il n'a donc plus besoin d'être protégé, le poussin est capable de briser sa coquille, de s'affranchir de ce cadre limité devenu non seulement inutile, mais étouffant.

En brisant sa coquille, le poussin prouve qu'il a achevé son développement, qu'il a intériorisé dans son squelette la rigidité qui caractérisait l'enveloppe extérieure de l'œuf.

Le passage de l'œuf au poussin est une métaphore intéressante de ces autres transformations que les humains traversent. La coquille de l'œuf est un symbole très parlant des structures au sein desquelles nous grandissons, quand nous sommes enfants, c'est-à-dire du cadre (ou carcan) familial, scolaire, social, religieux et politique dans lequel nous nous développons. Durant notre jeune âge, ce cadre est nécessaire pour nous structurer, nous construire. Nous avons besoin de ces limites, de même qu'il nous faut, comme l'œuf, assez de chaleur – d'amour, symboliquement parlant – pour que se développe notre potentiel.

Cette coquille, toutefois, n'a d'utilité qu'un temps : à terme, nous sommes appelés à la briser, n'en ayant plus besoin puisque nous aurons acquis notre propre force intérieure. Ainsi, par exemple, les codes religieux et moraux dont nous héritons au cours de notre éducation devraient nous permettre de développer notre propre « colonne vertébrale morale ou spirituelle » afin de savoir littéralement « nous tenir » : une fois que nous avons construit ce squelette intérieur, nous tenons debout tout seul, nous n'avons plus besoin d'appui ni de béquilles. Notre « droiture » tient à ce que nous sommes nous-mêmes et non plus à la peur du gendarme, aux contraintes imposées par l'extérieur, aux lois, aux règles, aux codes moraux[1].

---

1. Viktor E. Frankl, déjà cité précédemment, avait élaboré en camp de concentration une classification très simple des êtres, qu'il appliquait d'ailleurs tant à ses co-détenus qu'aux gardiens des camps : « Il y a

L'individu qui, au sein de l'œuf familial ou social, a su développer son propre squelette – son ossature psychique et spirituelle, ses valeurs – n'a plus besoin de cette coquille imposée du dehors et peut librement la briser. C'est en lui-même, dès lors, qu'il trouve l'appui et la force pour « tenir debout », pour marcher droit, pour ne pas chuter à la moindre occasion (et se relever au besoin). Même si toutes les structures sociales s'effondrent autour de lui, même au milieu de l'anarchie, du chaos ou de la guerre, même s'il n'a aucun risque d'être « pris » quand il agit mal, un tel être conserve le même comportement, puisque celui-ci est dicté de l'intérieur et prend appui sur ses propres valeurs. Souvent, même – et particulièrement de nos jours –, les individus qui possèdent leur propre colonne vertébrale morale ont des valeurs plus solides et plus résistantes

---

ceux qui savent se tenir (*anständig*, en allemand) », disait-il, « et ceux qui ne le savent pas. »

que celles du milieu ambiant. Leur entourage, tant familial que professionnel, prend d'ailleurs appui sur de telles personnalités… quand on ne leur reproche pas de posséder une assise aussi forte.

On notera d'ailleurs que, de tout temps, la meilleure part de l'évolution sociale a été due à des individus possédant cette force intérieure qui leur a permis de briser les coquilles extérieures de leur époque, devenues désuètes, et de proposer de nouveaux modèles d'organisation sociale, politique ou professionnelle aux générations suivantes… dans l'attente que celles-ci soient à leur tour brisées par une nouvelle génération de « poussins ».

Tous les œufs de poule, on le sait, ne donnent pas forcément naissance à un poussin. Qu'une coquille se brise avant que son contenu n'ait eu le temps de se former et celui-ci se répand, se déverse, s'étale. C'est comme cela qu'on fait des omelettes ou des œufs au plat. On observe la même chose au niveau humain, particulièrement dans les phénomènes collectifs. Il y a par exemple de l'« omelette sociale » dans Mai 68 et la libération qui s'en est suivie. En brisant la coquille sociale trop rigide de l'époque, les leaders de ce mouvement ont ouvert une brèche par laquelle sont sortis non seulement ceux qui étaient porteurs de nouvelles valeurs, mais aussi beaucoup d'autres dont le développement intérieur n'était pas forcément aussi avancé. Plus regrettable, cette génération – en réaction à la lutte qu'elle a dû fournir pour faire éclater le carcan sociopolitique et religieux – n'a pas été en mesure de proposer une coquille plus adaptée à la génération suivante. Elle croyait pouvoir l'en dispenser complètement et lui permettre de sauter cette étape dont elle ne voyait plus que le côté restrictif, en en négligeant la dimension formatrice. Résultat : une « génération omelette », bien difficile à canaliser, que l'on a vu ensuite chercher désespérément des repères formateurs et des cadres structurants, que ce soit dans les altercations avec la police, les sectes ou les bandes.

Après une génération d'enfants-rois, d'enfants-tyrans, comme titraient régulièrement les magazines, nous assistons au retour de l'autorité dans la famille et à l'école, assorti d'un « il est permis d'interdire » encore timide, parce que faisant l'objet d'une douteuse récupération politique (l'autorité serait associée à la droite). Le problème est-il pour autant réglé ? Ce n'est pas si sûr. L'Histoire est bien souvent ponctuée d'allers et retours du pendule entre des positions extrêmes, sans que nous parvenions à trouver un juste équilibre. L'« omelette sociale » est l'un de ses extrêmes. L'autre, symboliquement parlant, c'est l'œuf bétonné.

Si l'explosion de Mai 68 était si forte, c'est que la rigidité de l'œuf social atteignait à l'époque des proportions mortifères. En effet, un poussin dispose d'un temps limité pour se développer, parvenir à maturation, briser sa coquille et naître. Si les conditions ne sont pas favorables, si son développement est incomplet, sa coquille devient son cercueil : il n'en sort jamais ou mort-né. De même, les structures éducatives, sociales ou politiques ne jouent pas forcément le rôle qu'on est en droit d'attendre d'elles. Certaines – comme les systèmes totalitaires – visent plutôt à étouffer toute possibilité d'évolution, de changement ou de maturation en leur sein. D'autres, sans être nécessairement aussi délétères, n'offrent tout simplement pas assez de chaleur à ceux qui y vivent pour qu'ils puissent se développer et mûrir. D'autres, enfin, n'ont jamais été fécondées de ce germe qui donne à l'œuf son schéma de développement et qui oriente son potentiel vers la réalisation d'un être complet. De manière analogue, certaines sociétés se ferment hermétiquement à toute nouvelle pensée, aux germes de nouvelles idées, à un souffle spirituel qui pourrait redynamiser leur potentiel latent. Ces sociétés sont stériles, spirituellement parlant : elles « fonctionnent », elles ronronnent, mais elles ne créent plus, ne se régénèrent plus et, sans même en être conscientes, bien souvent, ont déjà entamé leur déclin.

De même que, dans une maladie auto-immune, le corps ne sait plus distinguer les germes nocifs qui l'agressent de ses propres « troupes » et retourne ainsi contre lui-même sa puissance immunitaire, le corps social français ne sait plus non plus faire la distinction entre des organisations et idées sectaires, et d'autres organismes et concepts porteurs d'un nouveau souffle dont toute la société gagnerait à s'enrichir. L'œuf social se referme sur lui-même, se bétonne, et – par crainte d'être « infiltré » par un germe destructeur – se ferme à toute fécondation par une pensée nouvelle.

Le passage de l'œuf au poussin n'est donc pas systématiquement assuré et requiert toute une conjonction de facteurs favorables : selon l'état de la coquille, selon la température ambiante et la présence (ou non) d'un germe, l'œuf actualisera ou non le poussin dont il détient le potentiel.

On trouve aussi dans la métaphore de l'œuf et du poussin une autre notion importante : celle de l'alternance des cycles de création et de destruction. Si la coquille n'est pas détruite, le poussin ne naît pas. Et si, devenus adultes, la nouvelle génération de poules et de coqs ne crée pas à son tour de nouvelles coquilles et ne les fertilise pas, il n'y aura pas de prochaine couvée. Or, nous l'avons déjà évoqué, la société occidentale moderne rejette la mort et, de manière générale, a une vision négative de la destruction, pourtant indispensable à toute nouvelle création. On voit cela non seulement dans l'acharnement dont nous faisons preuve à l'égard des personnes en fin de vie, souvent au mépris de toute qualité de vie (voire simplement d'humanité), mais aussi dans la fossilisation du passé à laquelle nous nous livrons par le biais de l'archéologie ou des dérives de la sauvegarde du patrimoine, qui prend aujourd'hui des proportions pathologiques. Loin de moi l'idée de vouloir faire table rase du passé et de détruire tout ce qui est ancien : l'humanité est riche de cultures et de patrimoines dont il est important de conserver la trace… aussi longtemps que c'est raisonnablement possible. Mais est-ce le cas ? Il existe aussi de l'acharnement thérapeutique sur les œuvres des hommes !

Par exemple, la cathédrale de Mexico City est déjà virtuellement morte et ne tient debout qu'à grand renfort d'échafaudages. Est-ce bien sensé ? De même, on assiste à des levées de boucliers à chaque tentative de destruction du moindre édifice un peu âgé (même pas ancien) pour construire à leur place quelque chose de nouveau. Des fortunes sont dépensées pour préserver de l'inévitable ruine du temps des œuvres ayant fait plus que le leur, … alors que les mêmes sommes pourraient soit alimenter de nouvelles créations, soit répondre à des besoins très actuels, qu'ils soient sociaux, écologiques ou autres. Il y a dans cette attitude un refus de la vieillesse, de l'usure, de la mort... qui paradoxalement devient lui-même mortifère, puisqu'il s'oppose au renouvellement, au recyclage, à la régénérescence qu'apporte inévitablement la mort, suivie d'une nouvelle vie.

J'en veux pour illustration cette histoire arrivée il y a une vingtaine d'années au Ladakh-Zanskar, petite contrée bouddhiste (tibétaine) au nord de l'Inde. Une fondation européenne avait découvert une magnifique et gigantesque statue de Bouddha dans un temple perché dans les montagnes. Celle-ci, fort ancienne, commençait à se détériorer sérieusement et, de l'avis des membres de cette fondation, avait besoin d'une restauration imminente. Ils ont donc réuni les fonds nécessaires et les ont adressés à cet effet au monastère en question. À réception des fonds, les moines se sont empressés ... de détruire l'ancienne statue de Bouddha et d'en faire édifier une nouvelle de même taille, aux couleurs les plus rutilantes ! La notion d'impermanence est en effet un des concepts de base du bouddhisme : rien ne reste éternellement le même, dans le monde matériel ; tout change, se transforme, meurt et renaît. Pourquoi garder une vieille statue ? Pourquoi s'y attacher ?... Une nouvelle remplit exactement les mêmes fonctions !

Cette histoire illustre de façon quasi caricaturale les différences de mentalité entre une société matérialiste qui refuse la mort, et une société spiritualiste qui comprend les cycles éternels de création et de destruction, de vie et de mort.

Au-delà des questions d'archéologie ou de sauvegarde du patrimoine, notre attitude vis-à-vis de la mort conditionne aussi la vie et la mort des structures sociales, politiques, économiques ou éducatives que nous mettons en place. Obsédés par la croissance et le développement, nous ne savons plus détruire. Notre société se développe ainsi comme une tumeur cancéreuse qui prolifère toujours plus, au détriment de l'organisme (c'est-à-dire notre environnement naturel et social, dans le cas présent). Plus de mort, plus de destruction, plus de régénération réelle non plus : on se contente de relooker la forme pour faire croire au changement, comme on peindrait un poussin sur la coquille d'un œuf, pour donner l'illusion de sa naissance.

Nous pouvons donc lire plusieurs des crises actuelles – qu'il s'agisse de celle de l'Éducation nationale, du désintérêt de plus en plus grand pour la chose politique ou de divers conflits économiques – à la lumière de notre incapacité à briser de vieilles coquilles pour faire naître de nouvelles formes. Celles-ci étouffent alors dans un œuf toujours plus bétonné. Peut-être devrions-nous, comme pour les produits alimentaires, prévoir une date de péremption pour les systèmes que nous mettons en place, de manière à ce que, une fois dépassée la période où ceux-ci se sont avérés utiles, nous puissions plus facilement les démanteler et les remplacer par d'autres plus adaptés ?

En réalité, même si ce serait effectivement une bonne solution, ce n'est pas indispensable pour que les choses évoluent malgré tout : rien ne s'oppose durablement au changement, car la vie est changement et sans lui aucune vie n'est possible. Notre seul véritable choix concerne la manière d'effectuer ces changements : en douceur, de façon constructive, ... ou alors brutalement, dans la casse et la violence. À refuser la mort et la destruction de ce qui a fait son temps, à s'opposer au changement et à figer le statu quo, nous ne faisons que préparer des transformations brutales et violentes. Nous risquons alors de passer une fois de plus d'un extrême à l'autre, d'un déséquilibre à un autre, et de faire ainsi alterner « omelette » et « œuf béton », laxisme et autoritarisme rigide, plutôt que de travailler en bonne intelligence avec les cycles de vie et de mort qui régissent toute chose, en anticipant dès la naissance d'un système ou d'une création l'usure et la fin qui seront immanquablement les leurs un jour. La métaphore de l'œuf est en effet une métaphore cyclique – œuf, poussin, poule, œuf, poussin, poule, etc. – qui nous rappelle que la vie, à tous les niveaux, fonctionne par cycles et non de la façon linéaire dont nous apprenons à voir les choses, sous l'influence de la mentalité rationaliste. L'Histoire n'est pas une droite ascendante, tracée entre abscisse et ordonnée, partant de la préhistoire et tendue vers un avenir toujours plus radieux. C'est une spirale où alternent sans cesse jour et nuit, été et hiver, construction et destruction, croissance et déclin, conflits et paix, inspir et expir. Toute tentative de notre part de supprimer l'un des termes de ces couples de polarité est donc vouée à l'échec. Cela crève les… œufs !

7.

La vipère de Quinton : milieu extérieur et force intérieure

Le biologiste René Quinton (1867-1925), père de la thérapie marine, mais aussi de l'aviation civile française, héros de guerre le plus décoré de l'histoire de France, était un personnage hors du commun, à bien des égards [1]. Non-médecin, comme Pasteur, il a cependant eu un jour une intuition remarquable qui l'a conduit à utiliser l'eau de mer à des fins thérapeutiques, sous une forme appelée « plasma de Quinton », lequel a sauvé la vie à des centaines de milliers de personnes.

1. Un jour, peut-être, un cinéaste se décidera à consacrer un film à cette figure exceptionnelle de l'histoire française, qui s'y prêterait très bien.

Les hasards – parfois incompréhensibles – de l'Histoire font que ce personnage, plus connu en son temps que Pasteur et considéré comme un bienfaiteur de l'humanité, est aujourd'hui quasiment oublié et que le plasma marin n'est plus utilisé qu'en médecine vétérinaire, alors qu'il représente un soutien thérapeutique inégalé en médecine humaine.

C'est à cette étonnante intuition de Quinton que nous allons consacrer ce chapitre car, au-delà de ses seules – mais déjà fascinantes – applications médicales, elle est aussi, métaphoriquement parlant, porteuse de riches leçons.

Alors qu'il se promenait dans les bois, par une journée d'automne, René Quinton tomba sur une vipère. Compte tenu de la température, déjà assez fraîche pour la saison, ce serpent qui aurait déjà dû hiberner était très engourdi et bougeait à

peine. Le savant le ramassa, le ramena chez lui et le déposa non loin de la cheminée où flambait un bon feu. Au bout de quelques minutes, la vipère, réchauffée par l'âtre, recouvra toute sa vitalité et sa mobilité. Elle commença même à se montrer dangereuse.

Observant cela, Quinton se fit la réflexion suivante : « La vie n'a pas créé la vipère pour qu'elle soit léthargique et engourdie : si elle est ainsi aujourd'hui, c'est qu'elle est apparue à une époque où la terre était chaude en permanence, permettant à sa vitalité de s'exprimer de façon optimale. »

Fort de cette première intuition, il élabora l'étonnante théorie sur l'évolution des espèces zoologiques à la surface de la terre que voici.

Les toutes premières formes de vie apparurent dans les océans à une température d'environ 43°, quand la terre, au départ une boule de feu, s'était déjà considérablement refroidie. La terre poursuivant son refroidissement, l'océan perdit lui aussi quelques degrés. Du coup, les premières espèces, qui étaient en osmose complète avec leur environnement, refroidirent avec lui. Mais la vie s'opposa à ce déclin en créant de nouvelles espèces vivantes capables de résister à cette baisse de température, afin de préserver les conditions de vie originelles, qui étaient optimales. Ces nouvelles espèces n'étaient donc plus en osmose totale avec le milieu extérieur : elles possédaient désormais un milieu intérieur, distinct du milieu extérieur, reproduisant les conditions de vie initiales.

Au fil des centaines de milliers d'années, plus l'océan continua de se refroidir, plus apparurent des espèces de plus en plus complexes, capables de préserver un écart de température[1] toujours plus important avec l'environnement extérieur, tandis que les espèces précédentes

1. Le milieu intérieur permet en réalité de conserver plusieurs paramètres d'origine, dont la température. Je simplifie à dessein ici.

– comme la vipère – étaient condamnées à subir la détérioration du milieu et à vivre une partie de l'année au ralenti.

Donc, plus le milieu extérieur se dégrade (entropie), perd de son énergie, plus la vie compense cette dégradation en intériorisant ce qui a été perdu au-dehors, en développant de nouvelles facultés. Plus le milieu extérieur devient froid, plus les espèces apprennent à créer leur propre chaleur. Plus la concentration saline des océans augmente, plus les êtres vivants préservent dans leur milieu intérieur la concentration saline originelle. Et dans les grands fonds marins, où la lumière fait défaut, sont même apparues des espèces capables de générer leur propre lumière.

Quinton, qui n'était pourtant pas mystique, poussa son raisonnement jusqu'à postuler que si un jour le soleil finissait par disparaître, c'est que les espèces vivantes l'auraient intégré en elles !

Pertinente ou non au plan zoologique[1] cette vision offre en tous les cas une intéressante métaphore de certains comportements humains.

Que dit Quinton ?

Il affirme qu'un être vivant se trouve tout d'abord, à sa naissance (ou à son apparition), en osmose avec son environnement : les caractéristiques de cet environnement deviennent donc aussi les siennes. Que se passe-t-il, ensuite, quand cet environnement se dégrade ? Certains êtres déclinent avec lui, faute de parvenir à développer une autonomie propre, tandis que d'autres résistent à

1. On n'enseigne généralement que la théorie de l'évolution selon Darwin, qui diffère notoirement de celle de Quinton. Je n'ai pas trouvé de critique de fond de la théorie de Quinton. Il est certain, cependant, qu'elle présentait à l'époque l'énorme « défaut » d'impliquer une forme d'*intention* dans l'apparition successive des espèces, le but de la vie, selon Quinton, étant de préserver les *constantes* (température, salinité, etc.) du milieu originel. On sait que la science, par réaction à la religion, a tout fait pour gommer toute notion de *téléologie* dans l'évolution des espèces. Aujourd'hui, cependant, plusieurs scientifiques, comme Michael Denton, auteur de *L'évolution a-t-elle un sens ?*, apportent de solides arguments scientifiques en faveur de l'idée que l'évolution puisse obéir à une certaine intentionnalité et non au seul hasard. Le débat n'est en tout cas pas clos.

cette dégradation et acquièrent une indépendance par rapport aux conditions du milieu extérieur, en se créant un milieu intérieur, lequel peut supporter une différence plus ou moins importante avec l'extérieur. Autrement dit, face au déclin des conditions de vie, certaines espèces effectuent un saut évolutif, comparable au coup de patte salutaire que donne la grenouille non endormie pour échapper à un milieu devenu nocif pour elle.

Que donne la transposition de ce principe à l'existence humaine ?

Comme les espèces vivant dans l'eau, nous baignons dès la naissance dans un milieu humain présentant certaines caractéristiques : diverses valeurs familiales, religieuses, relationnelles, politiques et culturelles y prévalent. Nous en absorbons la plus grande part, non par l'éducation ni par un enseignement explicite, mais de façon indirecte, subconsciente, par osmose avec le milieu où nous vivons. À notre insu, notre esprit se façonne ainsi à l'image – plus ou moins fidèle – du contexte environnant. « Nos » valeurs, « nos » croyances, « notre » conception de la vie sont ainsi en grande partie le reflet osmotique de celles dans lesquelles nous avons baignés durant l'enfance.

J'ai déjà cité Pascal : « Malheur à l'homme qui, au moins une fois dans sa vie, n'a pas tout remis en question. » C'est en effet cette remise en question qui, seule, permet de faire le tri dans tout ce que l'on a absorbé passivement étant enfant, afin de garder d'une part ce qui sera désormais consciemment nôtre, et de rejeter ce que l'on ne souhaite pas voir devenir tel. En attendant ce tri, paraissent nous appartenir des valeurs et croyances qui, jusqu'à preuve du contraire, sont avant tout circonstancielles. Serions-nous nés dans une autre famille, un autre pays, une autre culture, que « nos » valeurs, « nos » croyances et « notre » vision du monde seraient certainement tout autres.

À défaut d'une remise en question

délibérée de ce qui nous constitue, c'est une modification de l'environnement qui peut alors servir de révélateur. Celle-ci peut advenir de deux manières :

— on se retrouve subitement dans un autre milieu, par exemple en voyageant dans d'autres cultures, sous d'autres cieux ;

— ou bien l'environnement dans lequel on a grandi subit lui-même une modification, rapide (guerre, dépression économique) ou lente (déclin ou évolution progressifs, comme pour la grenouille).

Le fils adolescent d'un de mes amis, par exemple, est parti vivre un an dans une famille aux États-Unis. Plongé dans ce nouveau milieu, il raconte qu'au bout de quelques mois il a constaté qu'il avait perdu l'obsession de l'hygiène qui caractérise notamment sa famille d'origine, au profit d'un rapport moins maniaque à la propreté ; en revanche, il restait toujours aussi à cheval sur la ponctualité, contrairement à sa famille d'accueil. Ce séjour à l'étranger l'a aidé à commencer à prendre conscience de ce qui lui appartenait en propre, dans ce que ses parents et son pays d'origine lui avaient transmis, et des comportements et habitudes adoptés par osmose, mais susceptibles de disparaître dans un autre environnement familial ou social.

À une autre échelle, les guerres font office de révélateurs de la présence ou de l'absence de milieu intérieur chez ceux qui les subissent : certains se découvrent l'âme de héros et s'opposent à la sauvagerie et la lâcheté ambiantes ; d'autres se mettent au diapason général, d'autres encore seront tiraillés entre ce à quoi ils aspirent et ce qu'ils parviennent effectivement à réaliser. Et nul ne peut vraiment savoir comment il agirait en pareilles circonstances, sauf à avoir déjà vécu cette épreuve du feu dans une situation à peu près semblable.

Toutefois, comme on l'a vu avec la grenouille, ce sont les changements lents et progressifs qui mettent le plus à l'épreuve la solidité et la constance de nos valeurs et de nos croyances. Plongée brutalement dans l'eau chaude, la grenouille donne tout de suite le coup de patte salutaire. Il est facile de réagir à quelque chose de violemment opposé à ce en quoi nous croyons. Il est plus difficile de discerner un faible écart par rapport à l'axe qu'on s'est donné... au risque qu'il devienne la norme du lendemain, puis qu'un nouvel écart anodin ne crée à son tour une nouvelle norme encore plus éloignée de la première... et ainsi de suite. Jusqu'au jour où le cumul de ces déviations mineures nous conduit à mener une existence aussi différente de celle qui était au départ la nôtre que celle de la vipère qui passe d'un climat chaud où elle est active toute l'année à un climat tempéré où elle est contrainte d'hiberner la moitié du temps.

Sous des angles différents et avec des éclairages complémentaires, ces diverses métaphores nous parlent au fond des mêmes choses : comment rester conscient, comment développer, affirmer et conserver ses valeurs, comment résister à ce qui va à l'encontre de la direction que l'on s'est fixée, comment utiliser les circonstances adverses pour se renforcer.

Cette histoire éclaire pertinemment notre époque. Beaucoup, en effet, la jugent « apocalyptique », non pas au sens catastrophiste que ce terme a pris pour beaucoup, mais dans l'acception originelle du mot : révélatrice.

Depuis plus d'un siècle, comme l'avait prophétisé Nietzsche dans *le Crépuscule des idoles*, de nombreux cadres et repères collectifs ont progressivement disparu les uns après les autres. Nombre de tabous et d'interdits sont tombés. Il ne se passe plus une année sans que soient repoussés un peu plus loin les limites de la recherche, de la morale et de l'éthique (manipulations génétiques, clonage, recherches sur l'embryon, euthanasie, mariages homosexuels et adoption, brevetage du vivant, ou encore à la télévision : violence, sexualité et extrêmes de la télé-réalité).

L'environnement social, humain, économique, professionnel, politique, spirituel et relationnel dans lequel nous baignons (pour ne rien dire de l'environnement tout court) se modifie à un rythme accéléré désormais perceptible d'une décennie à l'autre, et peut-être bientôt d'une année à la suivante. Ces changements nous affectent tous. Mais comment ?

Il vaut la peine de se poser la question. Qu'est-ce que cette évolution me révèle sur moi-même ? À l'heure où le climat social se refroidit, suis-je comme la vipère de Quinton qui perd sa chaleur avec le milieu ambiant, ou suis-je plutôt comme les animaux à sang chaud, capable de conserver mon propre feu intérieur ? Dans un environnement humain caractérisé par l'entropie et l'obscurcissement spirituels, est-ce que je m'enfonce dans la nuit sans même en avoir conscience ou ai-je ma propre lumière intérieure, ma propre vie spirituelle, indépendantes du contexte ?

Le jour, personne ne discerne les étoiles ; la nuit permet de les voir briller. De manière analogue, c'est dans le froid de l'hiver que l'on distingue le mieux les animaux à sang chaud de ceux à sang froid, ceux-là étant condamnés au ralenti et à l'hibernation. De même, dans un climat social qui préserve une certaine lumière intellectuelle et spirituelle ainsi qu'une dose de chaleur – lien social, amour –, on ne peut distinguer les personnes qui brillent et chauffent de l'intérieur de celles qui, comme le phosphore ou les briques chauffantes, ne font que restituer ce qu'elles empruntent au milieu ambiant. C'est bien quand les valeurs collectives et le climat social déclinent que l'on discerne ceux qui continuent de briller et de chauffer par eux-mêmes.

D'où la nécessité de se poser la question : quand les conditions extérieures changent, qu'est-ce qui m'appartient encore en propre ? Que puis-je revendiquer comme étant véritablement mien : quelles valeurs ? quelles positions ? quels opinions ou points de vue ? Ai-je un milieu intérieur personnel, indépendant ? Suis-je plutôt reptile, comme la vipère, ou plutôt mammifère ?…

Au niveau collectif, la bonne nouvelle est que le nombre de personnes capables de résister à cette dégradation du milieu extérieur se révèle beaucoup plus important qu'on ne pourrait le penser en se fiant aux seuls médias dominants. C'est du moins ce qui ressort d'une étude conduite par deux sociologues américains à la fois sur une longue durée (près de quatorze ans) et sur un très large échantillon de population (environ 100 000 personnes), étude parue en français sous le nom *L'émergence des créatifs culturels*[1] de Paul H. Ray et à Sherry Ruth Anderson, déjà citée.

1. Éditions Souffle d'Or.

Les créatifs culturels, ce sont des gens comme vous et moi, qui ont pour particularité de s'être en partie retirés de la culture ambiante pour s'investir dans quelque chose de plus conforme à leurs valeurs : ils ont choisi – comme vous peut-être – une autre façon de se soigner, ou d'éduquer leurs enfants, ou un mode de consommation plus exigeant (commerce équitable, produits biologiques), ou encore un mode de vie différent, une alimentation plus saine, etc. En un mot, ils ont fait un choix personnel contraire aux valeurs dominantes, au moins dans un domaine de leur vie, plutôt que de suivre la tendance générale qui ne leur convient pas.

Le terme de créatifs culturels est intéressant et révélateur. En effet, il suggère que ces personnes qui résistent à la dégradation culturelle ambiante ne le font pas seulement à titre individuel, mais qu'elles parviennent à reconstituer – fût-ce à petite échelle : une communauté, une entreprise, un village – de nouvelles cultures – précieux pluriel en ces temps de pensée unique. C'est là un point important. En effet, si Quinton a démontré que la vie est capable de résister à l'entropie croissante de l'environnement, les connaissances plus récentes en écologie vont plus loin et indiquent que les espèces vivantes peuvent non seulement résister à l'évolution du milieu où elles vivent, ... mais à leur tour le transformer. Par exemple, la stabilité étonnante de composition minérale de la mer – qu'on songe un instant à tout ce qui se déverse chaque jour en elle : pluie, alluvions, déchets divers ! – provient de ce que les espèces animales et végétales (poissons, crustacés, algues, etc.) qui l'habitent œuvrent constamment au maintien de cet équilibre dont elles dépendent. Autrement dit, ces espèces modifient le milieu extérieur – la mer – en fonction de leurs besoins. On sait qu'il existe le même genre de réciprocité entre les plantes et le climat de certaines régions : d'un côté le climat détermine les plantes qui poussent à tel endroit, et de l'autre ces plantes influencent à leur tour le climat qui se développe au-dessus d'elles.

L'être humain a le même pouvoir. Non seulement il peut résister à des changements sociaux contraires à ses aspirations, mais il est capable de modifier son environnement social pour le rendre plus conforme à celles-ci. C'est précisément à une telle entreprise que s'attellent actuellement les créatifs culturels, qu'ils connaissent ou non ce terme, d'ailleurs, et qu'ils aient ou non conscience de mettre en œuvre un tel processus de résistance individuelle et de transformation collective. L'originalité de leur approche, par rapport à d'autres, plus politiques, est qu'elle procède tout d'abord d'un changement intérieur qui cherche ensuite à se propager à l'extérieur.

Les créatifs culturels représenteraient déjà presque le quart de la population américaine adulte (44 millions de personnes, à la fin de l'étude citée). Même si cette étude n'a pas été reproduite en Europe, de nombreux indicateurs permettent de supposer que le pourcentage de créatifs culturels chez nous est d'un ordre de grandeur équivalent. Un quart de la population, c'est un pourcentage considérable, même si actuellement cela ne se traduit pas (encore) par des structures sociales ou politiques susceptibles d'influencer plus directement le cours des choses (qu'on songe, par comparaison, aux scores bien moindres qu'obtiennent certains partis extrémistes dont tout le monde s'inquiète).

Symboliquement parlant, les créatifs culturels sont donc une espèce à sang chaud qui s'efforce d'une part, malgré l'entropie spirituelle ambiante, de préserver un milieu intérieur ayant sa moralité et ses valeurs propres, c'est-à-dire un certain feu intérieur, puis dans un second temps de propager ces qualités intérieures à l'environnement social, afin de changer le monde extérieur. Rien, cependant, ne les distingue extérieurement d'autrui : ils ne sont regroupés sous aucune bannière unique, ne font preuve d'aucune uniformité dans leurs choix, même s'ils agissent d'après une même impulsion, dans une même volonté de s'opposer au déclin. La plupart n'ont même aucune idée qu'on les regroupe sous cette appellation. Cette particularité – l'absence de signes de reconnaissance extérieurs – donne à réfléchir. En effet, on a jusqu'ici associé la notion de « mutation » à une transformation extérieure, visible, des espèces, comme celle que retrace la vision darwinienne de l'évolution. Il se pourrait qu'avec l'être humain advienne le temps de mutations intérieures, c'est-à-dire affectant non pas son apparence physique ni sa physiologie, mais avant tout sa vision des choses, sa manière de penser et d'aimer, les relations qu'il développe avec lui-même, avec ses semblables et avec l'univers tout entier. Il se pourrait, aussi, que cette mutation – si on peut l'appeler ainsi – doive s'accomplir individuellement, chaque personne effectuant la sienne propre, et qu'elle ne se transmette pas automatiquement à la descendance, même si une éducation appropriée peut sans conteste la favoriser. Il se pourrait, enfin, que ce soit la seule véritable solution aux problèmes auxquels l'humanité actuelle est confrontée. La mise en œuvre de nouvelles lois, de nouvelles technologies, de nouveaux remèdes – issus du mode de pensée qui a créé tous ces problèmes – ne peut par elle-même rien changer en profondeur, ni durablement. Le changement intérieur – une nouvelle façon de penser, d'aimer et d'agir – doit précéder et inspirer le développement de moyens et solutions qui soient réellement nouveaux et aptes à s'attaquer aux causes profondes des problèmes actuels.

Jusqu'ici, nous nous sommes surtout intéressés à ce que la métaphore de la vipère de Quinton nous enseigne sur la capacité de la vie – que ce soit un individu ou un groupe – à s'opposer à la détérioration de son milieu. D'une certaine manière, nous avons mis l'accent sur l'exception émergeant de la règle, quand celle-ci n'est plus acceptable. On peut aussi s'intéresser à cette même métaphore à partir du point de vue opposé. Plutôt que de mettre en évidence comment un mouton noir peut se dégager du troupeau qui fonce dangereusement vers un gouffre, s'interroger sur le pouvoir du troupeau, de l'environnement, de l'ambiance, sur l'importance du contexte, la force du nombre. De fait, la première chose qu'indique la théorie de Quinton, c'est la tendance naturelle de l'individu à être en osmose avec son environnement, à en adopter les qualités et/ou les défauts. C'est ce qu'ont fait les premières formes de vie apparues dans l'océan. C'est aussi ce que font la plupart des enfants dans le milieu familial, religieux et socioculturel au sein duquel ils grandissent. Au départ, l'osmose est la règle, l'individuation l'exception.

Sachant cela, il conviendrait de faire beaucoup plus attention aux atmosphères et aux milieux que nous créons – ou que nous laissons passivement se développer d'eux-mêmes – au sein de la société, à l'école, dans la famille, dans les divers contextes où nous évoluons. Si nous créons des marécages, faut-il s'étonner qu'en émergent des moustiques avides de sang ? Si nous laissons se former des nuages d'orage, pourquoi être surpris ensuite de la foudre destructrice qui s'abat ? La règle stipulant qu'à mesure qu'un environnement donné se dégrade, la majorité des individus qui y vivent tend à se dégrader avec lui, le fait de veiller à la qualité du milieu, de l'ambiance générale, du cadre de vie, devrait être une priorité.

La personne qui vit en milieu rural et se rend pour une journée à Paris, par exemple, voit son comportement immédiatement se transformer sous l'effet du stress qui caractérise la grande ville : elle est sur ses gardes, sa musculature est plus tendue, elle fait davantage attention à ses objets de valeur (porte-monnaie, bijoux, sac à main…). De même, celui qui passe quelques jours dans un monastère, partageant la vie des moines, subira très certainement les effets de ce milieu imprégné d'une alternance de chants, de prières, de silence, de travail conscient : dans ce cadre, soudain il ne se sent plus le même, peut-être même prend-il conscience d'une dimension qui sommeille en lui et qui ne parvenait pas à se manifester dans son cadre de vie usuel. C'est un fait : certaines ambiances éveillent en nous les dispositions latentes les plus belles, tandis que d'autres viennent dangereusement titiller la bête qui se cache au plus profond de nous.

C'est souvent avec les enfants que ce phénomène est le plus évident, leur capacité à résister aux influences de l'environnement ne se développant qu'avec l'âge : ainsi, tel enfant qualifié de « difficile », « agité » ou « turbulent » dans un contexte donné (à l'école, par exemple), se montre très agréable, coopérant, facile à vivre, dans un contexte différent (activité parascolaire, autre école, etc.).

La culture individualiste qui est la nôtre a ses avantages et ses inconvénients : au nombre de ces derniers, on relèvera précisément une capacité très réduite à créer et à préserver des ambiances saines et stimulantes dans nos cadres de vie, d'études et de travail. On met en valeur l'individu, sans se soucier du contexte général dans lequel il évolue et qui l'influence pourtant considérablement.

Le mal vivre ensemble est une des caractéristiques majeures de la vie dans la société occidentale moderne et il se traduit par des ambiances détestables dans lesquelles chacun s'efforce d'évoluer comme un aventurier dans la jungle. Si cela développe effectivement chez quelques-uns une certaine force intérieure, cela ne contribue certainement pas à favoriser la qualité de vie collective.

À l'heure de la grande mode du « développement personnel », il n'est pas inutile de rappeler qu'un individu sain et équilibré, ayant pris le temps de travailler sur lui-même et de se développer, n'existe pas tout seul, qu'il évolue dans un milieu social qui, lui, peut s'avérer non seulement malade, mais même pathogène pour ceux qui s'y trouvent. Oui, on peut s'opposer à la contamination par son environnement, comme on l'a vu ci-dessus, mais cette résistance a un prix : elle requiert beaucoup d'énergie et d'efforts qui ne peuvent, dès lors, servir à autre chose. À côté du développement personnel, le « développement collectif » ou « développement social » doit donc désormais être envisagé et mis en œuvre : réussir à créer un milieu qui réponde à ses propres besoins d'individu plus épanoui, tout en favorisant du même coup l'épanouissement des autres (« favorisant », parce que l'individu est toujours libre d'accepter ou de refuser les influences qu'il subit, y compris les positives).

Ce que je veux simplement souligner ici, c'est qu'il convient de travailler à la fois individuellement – j'insiste prioritairement là-dessus dans ce livre – et sur le plan collectif. Tout le monde n'ayant pas la même capacité à tirer parti des conditions adverses pour se renforcer et grandir, il est aussi important d'œuvrer à améliorer le milieu dans lequel nous baignons, le contexte général, afin de favoriser l'évolution de chacun. La métaphore de la vipère de Quinton ne devrait pas être comprise comme une vision élitiste de l'évolution qui laisserait en arrière tous ceux qui ne peuvent s'émanciper de conditions extérieures difficiles ; elle suggère également que ceux qui ont fait œuvre de pionniers, en étant les premiers à effectuer une mutation intérieure, ont ensuite à charge de créer de meilleures conditions extérieures, afin de favoriser l'évolution d'autrui.

Quel chemin parcouru avec cette métaphore de la vipère de Quinton ! D'abord, nous avons vu que l'environnement exerce naturellement une influence sur ceux qui y vivent, lesquels tendent à être en osmose avec lui. Ensuite, dans un deuxième temps, nous avons mis en évidence comment il est possible de s'opposer à la dégradation de cet environnement, de prendre son autonomie, de devenir indépendant du milieu. Puis, dépassant ou plutôt prolongeant le propos de Quinton, en l'enrichissant des découvertes effectuées depuis, nous avons montré que l'homme, fort des transformations qu'il a faites en lui-même pour s'affranchir de son milieu, peut ensuite à son tour modifier cet environnement, afin de le rendre plus conforme à ses valeurs et de faire bénéficier autrui de ces améliorations.

« Ce qui ne me tue pas me renforce », disait Nietzsche. Ce qui me fait défaut à l'extérieur, je le développe en moi, disait à sa manière Quinton. Ce que j'ai développé en moi, je le communique autour de moi pour que chacun en profite, ont démontré les Jésus, Gandhi ou Mandela de l'Histoire. Être influencé, puis influencer à son tour ; s'individualiser pour ensuite enrichir l'ensemble ; se hisser au-dessus des autres, puis les tirer vers le haut ; ce sont ces va-et-vient permanents entre l'individuel et le collectif qui donnent à l'évolution ses alternances et son rythme.

Conclusion : cuits ou pas ?...

Nous voilà arrivés au terme de ce « Voyage en Allégorie » en sept escales. J'espère qu'il vous a donné le goût de la métaphore et qu'il vous a fait entrevoir les enseignements que nous pouvons tirer de phénomènes naturels, pour peu que nous prenions le temps de les observer. La nature est un grand livre : tout y est symbole, tout parle à celui qui apprend petit à petit à en déchiffrer le langage, à lire les correspondances entre toutes choses. Là où certains ne voient que hasard et chaos, d'autres distinguent ordre et sens. Des phénomènes qui, aux yeux de certains, semblent distincts, séparés, sans rapport, peuvent se révéler à nous étroitement liés, connectés, interdépendants. Les symboles, les métaphores, nous aident à recréer du lien, à nous relier – consciemment, cette fois – au monde qui nous entoure.

Ce n'est pas un hasard si l'on assiste aujourd'hui à un regain d'intérêt très vif pour les rituels : livres, articles, ateliers sur ce sujet se multiplient, à usage personnel, familial ou professionnel. Les rituels se fondent précisément sur les symboles et les liens : la bougie que nous allumons symbolise la flamme de l'esprit que nous désirons éveiller en nous ; les objets que nous enterrons représentent des éléments de notre passé dont nous souhaitons nous défaire ; l'arbre que nous plantons évoque une nouvelle création, un nouveau départ… Chaque geste que nous exécutons lors d'un rituel trouve sa correspondance à l'intérieur de nous. Plus nous devenons conscients que tout est lié, relié, connecté, plus nous sommes naturellement enclins à utiliser ces liens, grâce aux rituels, pour favoriser une transition, marquer des temps forts, faire un deuil ou célébrer un heureux événement.

La première étape de notre cheminement est donc la conscience. À une conscience actuellement très mentale, analytique et narcissique – comme Narcisse, l'homme contemporain est actuellement absorbé dans la conscience de lui-même que lui confère sa capacité à réfléchir – nous devons substituer une conscience plus intuitive, sensible, profonde, qui ne s'arrête pas aux apparences, qui franchisse la surface réfléchissante du miroir mental pour accéder à une perception du monde plus riche, plus complète. Narcisse qui contemple son reflet dans l'eau et finit par y tomber et se noyer : voilà encore une belle métaphore pour conclure ! Savez-vous que c'est à Narcisse que l'on doit les termes « narcose » ou

« narcotiques », ce qui endort, ce qui illusionne, le sommeil de la mort (on plante des narcisses sur les tombeaux…) ? Le choix de la conscience, c'est donc préférer l'éveil au sommeil, refuser l'abrutissement et l'endormissement, préférer la vie aux paradis artificiels, aux univers virtuels. C'est le choix de nous ouvrir à autrui, de recréer du lien, alors que tant de gadgets aujourd'hui concourent à nous isoler les uns des autres dans des bulles artificielles. Oui, Narcisse doit mourir, … mais mourir à une existence limitée, inconsciente. Oui, il doit traverser son reflet, briser le miroir de l'eau, … mais pour accéder à une autre dimension, à une plus grande conscience que la seule conscience du moi. C'est par son cortex, son mental, que l'homme a pris conscience de lui-même et s'est différencié du monde animal. Mais cette individuation n'est pas une fin en soi, pas plus que l'isolement de la chrysalide dans son cocon : elle est le prélude d'une nouvelle participation au monde, une fois le cocon déchiré, une fois le mental dépassé. Les divers yogas, la prière, la méditation et la contemplation libèrent en nous d'autres possibilités, actionnent d'autres perceptions et éveillent des fonctions latentes qui nous permettent de transcender notre ego.

Alors, au bout du compte, sommes-nous déjà à moitié cuits ? Sans doute pas encore, mais le feu est bien allumé sous la casserole. Allons-nous finir comme la grenouille ou nous libérer comme le papillon ? Mourrons-nous étouffés dans l'œuf ou allons-nous en briser la coquille, forts de ce que nous aurons conquis intérieurement ? Ferons-nous un saut évolutif ou, comme la vipère, resterons-nous des reptiles spirituels ?…

Si ce choix appartient d'abord individuellement à chacun, il sera aussi influencé par la proportion de gens, parmi nous, qui aurons choisi l'option évolutive plutôt que l'entropie mortifère. Il est fort probable que, passé un certain nombre d'individus transformés (la masse critique), le changement devienne plus facile pour tous les suivants, tout en restant tributaire d'une décision consciente de la part de chacun. Comme nous l'avons appris du bambou chinois, il se pourrait alors que les changements invisibles que beaucoup de gens s'efforcent d'accomplir aujourd'hui aboutissent à une transformation extérieure surprenante et rapide, le moment venu. C'est l'espoir qui m'anime et le vœu que je forme.

Table des matières

Ce volume a été composé par Facompo
et achevé d'imprimer en novembre 2005
par ***Bussière***
à Saint-Amand-Montrond (Cher)
pour le compte des éditions Lattès

N° d'édition : 72837/01 – N° d'impression : 054043/4
Dépôt légal : novembre 2005

Imprimé en France